WIR GRILLEN BURGER

HOCH5

WIR MÖGEN KEIN FAST FOOD. ABER BURGER? LIEBEN WIR!

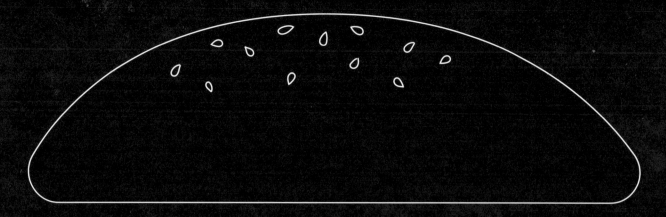

Es ist doch ganz einfach. Ein Brötchen, das wir coolerweise Bun nennen. Eine Hackfleischfrikadelle, die wir Patty taufen. Dann noch ein bisschen Eisbergsalat, Ketchup, Mayonnaise, 'ne Gurken-, 'ne Tomatenscheibe. Und fertig ist das, was wir nicht grillen, nicht essen wollen. Fast Food ist was für den Drive-In. Nichts für uns.

Hier geht es um was ganz anderes. Hier geht es um Burger. Um Hotdogs. Um Beilagen, die man nicht nur mit den Fingern isst, sondern mit denen man sich die Hose versaut, das T-Shirt volltropft, die Hände verklebt. All das? Voller Freude.

Wir haben am Grill, meist an der Feuerplatte gestanden. Haben unzählige Pattys geformt, haben Buns selbst gebacken, haben gedreht und gewendet, viel zu viel probiert und deutlich zu häufig noch eine weitere Variante ausprobiert.

Am Ende steht ein Buch voller Burger. Mal klassisch, mal exotisch, manchmal auch verrückt. Also: Feuer an, ausprobieren, reinbeißen. Und es nie, nie mehr Fast Food nennen. Es ist schließlich viel mehr.

Viel Freude dabei.

ZUM STARTEN

- 4 **Vorwort**
- 8 **Unser Lieblingszubehör**
- 12 **Unsere Lieblingszutaten**

ZUM SNACKEN

- 18 **Burger Buns** Bria & Brad
- 26 **Burgersoße** Bernd
- 30 **Pickles** Pepe
- 38 **Pommes** Peter
- 44 **Coleslaw** Carsten
- 48 **Avocado** Angelika

ZUM STAPELN

- 56 **Smashed-Burger** Sasha
- 64 **Beef-Burger** Betty
- 72 **MäcRipp** Manu
- 82 **Enten-Sprossen-Burger** Esma
- 92 **Veggie-Burger** Valeria
- 100 **Hotdog** Herbert
- 104 **Schoko-Burger** Stefan
- 112 **Kabeljau-Burger** Kiara
- 124 **Ananas-Burger** Anastasia
- 132 **BigMäääg** Bruno
- 140 **Croissant-Burger** Clément
- 150 **Chicken-Burger** Charlotte
- 158 **Chorizo-Burger** Chayenne
- 168 **Käse-Burger** Kathrin
- 178 **Schweinebauch-Burger** Sibylle
- 186 **Erdnussflips-Burger** Eduard
- 196 **Gemüse-Burger** Gerry
- 208 **Camembert-Burger** Casper
- 214 **Lachs-Burger** Leopold
- 220 **Rote Bete-Burger** Ronja
- 226 **Mango-Burger** Marlon
- 232 **Mediterran-Burger** Melly
- 236 **Spiegelei-Burger** Spencer
- 244 **Gravy-Burger** Gerd
- 254 **Feigen-Burger** Frieda

ZUM SCHAUEN

- 262 **Unser Team**
- 270 **Unser Podcast**
- 271 **Unsere Bücher**
- 272 **Impressum**

Liebend gerne würden wir dir exakt, genau abgewogen und nachgerechnet schreiben, wie viel Gramm Tomaten, wie viel Quadratzentimeter Salat, wie viele geröstete Zwiebeln du brauchst, um den perfekten Burger zu grillen. Aber irgendwie schaffen wir das nicht. Tomaten sind unterschiedlich groß, Salatköpfe nie einheitlich dick und bei Röstzwiebeln sind wir faul, da wollen wir nicht nachzählen. Heißt: Wir geben dir in den Rezepten nur Anhaltspunkte. Wir rechnen pro Hack-Patty mit rund 180 Gramm Fleisch, alles andere ist wirklich eine Frage des dicken Daumens – und des Hungers von dir und deinen Gästen. Also: Am besten gar nicht so viel rechnen. Sondern machen. Und grillen.

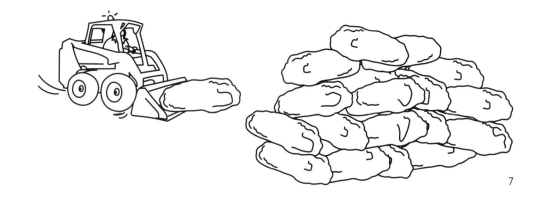

UNSERE LIEBLINGE

Nein, hier fließt kein Geld.
Wir halten nichts in die Kamera, für das uns andere Bares in die Taschen stopfen. Wir nutzen nichts, bei dem der Kontostand steigt und die Freude sinkt. Hier also ein paar Tipps, unsere Lieblingshelfer, all das, was man nicht unbedingt braucht, was die Freude am Burgergrillen aber tatsächlich noch mehr steigert. Kauftipps? Sind das nicht. Eher nett gemeinte Ratschläge.
Von einem Freund.

BUTTERLAUFRAD

Das könnte einem ausgewachsenen Hamster gefallen – wenn darin seine Füße nicht viel zu heiß würden. Die Rede ist von einem Butterroller. Oder besser: von einem Zubehörteil, für das du erst einmal belächeln wirst. Wer braucht denn so was? Na, wir. Und du natürlich. Weil du das Ding aus Edelstahl auf die Feuerplatte stellst und plötzlich das perfekte, gebutterte Bun in den Händen hältst. Während unten die große Butterflocke schmilzt, legst du dein Bun drauf, schiebst es etwas vor und zurück – und siehst dabei zu, wie sich die flüssige Butter perfekt auf dem Brötchen verteilt.

Darf ich auch mal? Werden schnell die fragen, die dich eben noch fragend angeschaut haben. Und du wirst sagen: Nö. Das Ding hier, das ist nur für mich. Und meine Buns.

PINZETTENGRILLEN

Natürlich hast du eine ausgewachsene Grillzange, die gar nicht groß genug sein kann. Das Wildschwein will schließlich am Stück gewendet werden. Mit deiner Grillpalette machst du einem Gabelstapler Konkurrenz. Und jetzt sollst du allen Ernstes zu einer Pinzette greifen? Ja. Und noch mal ja. Denn es gibt nur eine, die die Richtige ist – nämlich die von F. Dick. Weil sie perfekt in der Hand liegt und du mit ihr winzige Burgergurkenscheiben an die passende Stelle schieben, aber auch große Pattys bewegen kannst. Es dauert nicht lange, und du weißt: Mit der geht alles. Groß, klein, dick, dünn. Deine Grillzange verabschiedet sich in den Ruhestand, deine Palette liegt schmollend in der Besteckschublade und du bist ab sofort Pinzettengriller – ohne im Sternerestaurant zu arbeiten.

HEISSE SCHEIBE

Natürlich kannst du jeden Grill der Welt zum Burgergrillen benutzen. Auch das Dreibein von der Tankstelle. Glaub uns, wir haben sie alle. Die winzigen zum Zusammenstecken. Und die riesigen, um damit anzugeben. Genutzt haben wir für dieses Buch aber meist den OFYR. Weil es nichts Geselligeres gibt, als um eine Feuerplatte zu stehen. Weil das Grillen auf die einfachste Art ist. Und weil Burger darauf einfach am besten gelingen. Sagt Klaus. Und der muss es wissen. Hat er doch noch viel mehr Grills als wir.

HEISSER KESSEL

Zugegeben: Nur mit einer Feuerplatte kommt man nicht zurecht. Einen ausgewachsenen Grill mit Deckel braucht es dann doch. Unsere Wahl: The Bastard VX. Ja, es gibt größere. Teurere sowieso. Welche, die knalliger aussehen, dein Ego mehr streicheln, vielleicht auch über eine größere Tradition, eine längere Geschichte verfügen. Aber: Wir hatten sie alle. Jeder Kamado-Grill hat seine Vor-, und leider auch seine Nachteile. Der VX ist für uns perfekt. Und der Plancha-Ring das, was Klaus eine Waffe nennt. Wir kennen keinen Kamado, der schneller heiß(er) wird. Und die Hitze so gut verteilt, so lange hält. Natürlich musst du ihn jetzt nicht sofort bestellen. Aber davon träumen kannst du schon.

SCHARF UND SALZIG

Natürlich kannst du das handgeschöpfte Salz aus südamerikanischen Wiesenanbaugebieten in seiner gröbsten Form über dein Gericht rieseln lassen. Machen wir auch. Aber manchmal darf es ruhig etwas feiner sein. Dann greifen wir zu einem Duo, das auf den ersten Blick häufig belächelt wird. Das sollen eine kräftige Salz- und eine ausgewachsene Pfeffermühle sein? Ja. Wir nutzen sie seit unserem ersten Buch WIR GRILLEN. Das gefühlt produziert wurde, als man noch von „Frikadelle" und nicht von „Patty" sprach. Egal, wie man den Fleischball nennt: Er war schon damals perfekt gewürzt. Mit Mühlen, die optimal in der Hand liegen, nie an ihr kleben und eben einfach das tun, was sie sollen: mahlen.

SMASH IT

Das Ding kann gar nicht schwer genug sein. Am besten ist es aus Guss, nicht aus Edelstahl. So schwer, dass du damit während eines Tornados deine Quittungen für die Steuererklärung mühelos auf dem Outdoor-Tisch fixierst. Kauf dir keine Presse, an die du erst den Griff schrauben musst, keine, die irgendwo aus Kunststoff besteht. Sondern ein richtig massives, dickes Ding. Schwarz, schwer, böse. Unter dem der Patty ächzt, mit der du deine Unterarm-Muskulatur stählst. Und bei der du trotz aller Freude eins bitte nicht vergessen solltest: Backpapier zwischen Presse und Patty legen. Sonst hast du 'ne richtig schwere Sauerei. Und ja, wir sprechen aus leidvoller Erfahrung...

UNSERE LIEBLINGSZUTATEN

Man könnte meinen, wir stehen im Delikatessengeschäft im Prenzlauer Berg und lassen uns die exklusiven Einkäufe zu unserem perlschwarzen Cabrio mit cremefarbenen Sitzen tragen. Aber: So ist es gar nicht. Wir kaufen da ein, wo du einkaufst. Und greifen nicht nur da ins Regal, wo die großen Summen auf kleinen Preisschildern notiert sind.

Klaus hat dabei ein paar Zutaten, die er nie eintauschen würde. Nicht gegen Verrücktes, nicht gegen Teureres. Vielleicht gegen Besseres. Aber das scheint es nicht zu geben.

KAUM TOMATE, VIELVIEL SÜSSE

Wenn es um Ketchup geht, geht bei Klaus nichts über die Marke Hela. Wäre man etwas ungehobelt, frech gar, dann könnte man meinen: Das ist doch gar kein Ketchup. Das ist nur eine süße, rote Soße. Stimmt. Sagt Klaus. Was aber auch stimmt: Die Soße schmeckt ganz vorzüglich. Wer Klaus kennt, weiß aber auch: Er meint das nicht so. Wenn er eine Wurst brät, dann mag er den Hela-Geschmack darauf. Wenn er in Eile ist. Hat er, nimmt er sich Zeit, dann greift er zum Buch WIR GRILLEN, schlägt Seite 222 auf, erinnert sich und kocht, ach was, grillt sich den leckersten Ketchup, den es gibt. Und der dann nach Tomate und nicht nach Zucker schmeckt.

SCHARF AUS DER TUBE

Du kannst direkt nach Dijon reisen, dort einem Senfbauern einen Tag lang interessiert lauschen, anerkennend durch deine Schneidezahnzahnlücke pfeifen und am Ende ehrfurchtsvoll ein winziges Glas Senf nach Hause tragen. Oder du kaufst eine Senftube von Kühne. Klaus jedoch? Schwört auf die Quetschflasche, befüllt mit mittelscharfem Senf – und wenn man ehrlich ist, dann geht es kaum mainstreamiger. Was der Laie nicht weiß: Er braucht nur diese milde, aber irgendwie doch spürbare Schärfe. Keinen Schnick. Keinen Schnack. Und dafür reicht dieser Senf aus der gelben Flasche mit dem grünen Deckel aus. Sollte es doch mal schärfer sein, greift er zur Allzweckwaffe in einem Glas, aus dem schon ganze Generationen ihre Orangenlimo getrunken haben: zum Bautz'ner Senf. Aber eben nur manchmal. Nie aber fehlt Kühne-Senf in seinem Einkaufskorb, im Kühlschrank, in diesem Buch. Weil wir natürlich exklusiv und exotisch können. Aber nicht immer müssen.

GEBACKENES VON DER STANGE

Früher, noch vor drei, vier Jahren hätten wir gesagt: Burger Buns musst du selbst backen. Dieses wunderbare Gefühl des Teigaufgehens, dieser Duft der Hefe, die Freude am Formen der Buns, das Lächeln, das dir entfährt, wenn du den Sesam auf die mit Eigelb eingestrichene Brötchen-Oberfläche purzeln lässt. All das stimmt. Aber es stimmt eben auch, dass man nicht immer Zeit dazu hat, all das selbst vorzubereiten. Wenn es mal pressiert. Oder sich ein ganzes Symphonieorchester zum Burgeressen angemeldet hat. Du kannst als Alternative in Hipster-Back-Start-ups in Berlin anrufen und bekommst Buns, die ähnlich fragil wie Orchideen verpackt bei dir eintreffen. Oder du gehst zum Supermarkt um die Ecke. Die Metro hat sie, Edeka sowieso, und die anderen eigentlich auch. Dort gibt es Brioche Burger Buns. Buttrig, fluffig, lecker. Nicht so lecker wie selbst gemachte, versteht sich. Aber verdammt nah dran.

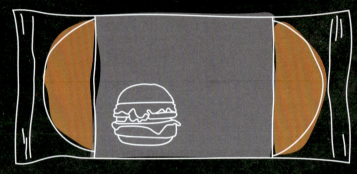

WEISSES WUNDER

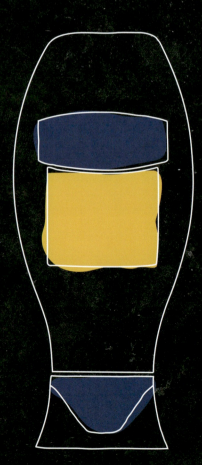

Auch hier gilt: Hast du Zeit, verspürst du Leidenschaft, gar Liebe in dir, dann mach dir deine Mayonnaise selbst. Nie wird eine gekaufte besser schmecken. Aber auch hier gibt es natürlich diese Momente, in denen du mal eben ein paar Pommes in der Fritteuse versenken willst und Zeit zwar nicht Geld, aber dann doch Mangelware ist. Also greift Klaus einfach ins Regal – und zu Hellmann's. Auch hier nutzt er am liebsten die Quetschflasche, die man nie ganz leer bekommt, bei der dieser durchsichtige Deckel, auf dem die Flasche stehen soll, immer zerbricht. Aber schließlich zählen die inneren Werte, der Geschmack. Und der? Stimmt. Selbstverständlich wählt Klaus den Klassiker, das Original, also einfach: Mayonnaise.

GEHACKTES GOLD

Du stehst an der Fleischtheke, schaust erst zum Rinderhack in der Auslage, dann an der Bio-Theke vorbei, blinzelst beim Blick auf die Preisschilder und weißt: Bio wird es heute nicht. Schade eigentlich. Aber bei den Preisen auch verständlich. Zumindest auf den ersten Blick. Wir arbeiten da eher nach der Devise: Wenn schon Fleisch, dann Bio. Und Klaus noch mit einem ganz anderen Kniff. Er jagt Dry Aged Beef durch den Fleischwolf – für seine Pattys. Was für eine Verschwendung, denkst du? Was für eine Geschmacksexplosion, antwortet Klaus. Denn wer sagt denn, dass es am Stück immer bestes Fleisch sein muss, als Hack aber ruhig minderwertige Qualität sein kann? Du magst nicht nur, du liebst Burger? Dann sollten sie auch aus allerbesten Zutaten bestehen. Also: Probier mal was richtig Exklusives aus. Und lass das folierte Hack einfach im Regal, also links, liegen.

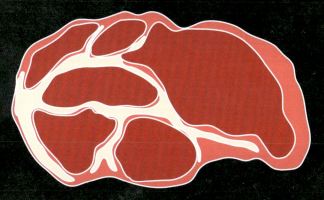

DOPPELT HÄLT BESSER

In diesem Buch zeigen wir dir, wie du aus richtig dicken Kartoffeln richtig dünne, vor allem aber so richtig knusprige Pommes zauberst, die den nächsten Urlaub in Belgien entbehrlich erscheinen lassen. Was du aber – Stichwort Belgien – schon jetzt wissen solltest: In dem Land, in dem Pommes erfunden wurden, werden die Kartoffelstifte zwei Mal frittiert. Erzählst du das deinem Imbissbesitzer um die Ecke, zeigt er dir einen Vogel. Und frittiert entweder weiterhin viel zu kurz oder so lange, bis jeglicher Geschmack aus deinen Pommes verschwunden ist. Selbstredend, dass wir das hier im Buch auch so machen – also doppelt frittieren. Auch selbstredend, dass wir dir empfehlen, nur solche Tiefkühl-Pommes zu kaufen, die schon vorfrittiert sind. Die gibt's tatsächlich, etwas Suchenergie vorausgesetzt. Und die kommen, wenig überraschend, meist aus Belgien.

JETZT ABER AB AB...

AN DEN GRILL

FÜR CA. 25 BUNS:
100g BUTTER, 250ml WASSER
4 EL MILCH, 3 EL ZUCKER
1/2 WÜRFEL FRISCHE HEFE, 3 EIER
525g MEHL (550er), 75g MEHL (405er)
2 TL SALZ

AUSSERDEM:
EIGELB + MILCH, SESAM

Hier trennt sich ein wenig die Spreu vom Weizen. Früher, da konntest du pappige Burgerbrötchen – den Begriff „Bun" gab es da noch gar nicht – kaufen oder selbst welche backen, die deutlich besser schmeckten. Heute ist das anders: Es gibt richtig gute Burger Buns zu kaufen. Und doch hat es etwas Erhabenes, wenn man selbst gebackene Buns aus dem Ofen ziehen kann. Wir haben das mal für rund 30 Gäste gemacht – und sind schier wahnsinnig geworden. Also: Starte lieber im Kleinen, probier das Backen in Ruhe aus, und mach es am Ende so wie wir.
Wenn es schnell gehen muss: Kaufen. Wenn es mit Liebe sein soll: Selbst backen.

Das Wichtigste zu Beginn: Klaus hat hier nicht an die Mengenangaben gehalten, die wir dir aufgelistet haben. Du? Solltest das bitte tun. Und startest jetzt mit dem Schmelzen der Butter auf dem Herd, äh, Grill.

Wichtig ist, dass du die Butter nicht bei voller Hitze flüssig werden, sondern es ruhig angehen lässt. Also: Eile mit Weile.

Umrühren nicht vergessen. Dann zur Seite stellen. Weiter geht es mit deiner Rührmaschine – die wahrscheinlich nicht neben dem Grill, sondern in deiner Küche steht.

Wir setzen einen ganz klassischen Hefeteig an. Und wenn Klaus Hefe sagt, dann meint er es auch so. Hier versenkt er jede Menge davon. Was für fluffigste Burger Buns sorgt.

Hier kommen lauwarmes Wasser, lauwarme Milch, Zucker und Hefe zusammen.

Alles gut vermischen und mindestens fünf Minuten lang ruhen lassen.

Nun die Mehlsorten mit dem Salz vermengen. Das Ganze nach und nach zu der Hefemischung geben. Lass es hier langsam (!) angehen. Das gilt für dich und deine Rührmaschine.

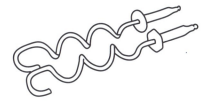

Fehlt noch die lauwarme Butter. Auch die nicht in einem Schwung, sondern nach und nach zu der Teigmasse fließen lassen. Und du weißt ja: Nimm nur die mit dem Bundesadler, dann kommt die Butter garantiert aus Deutschland.

Zuletzt – nach und nach, du kennst das Spiel – die Eier in die Schüssel geben und unterkneten.

Wie bei Klaus üblich, verlässt er sich nicht allein auf die Kraft der Maschine, sondern entnimmt den Teig frühzeitig und zeigt ihm und der Küche mal, wie stark seine Hände und Arme sind.

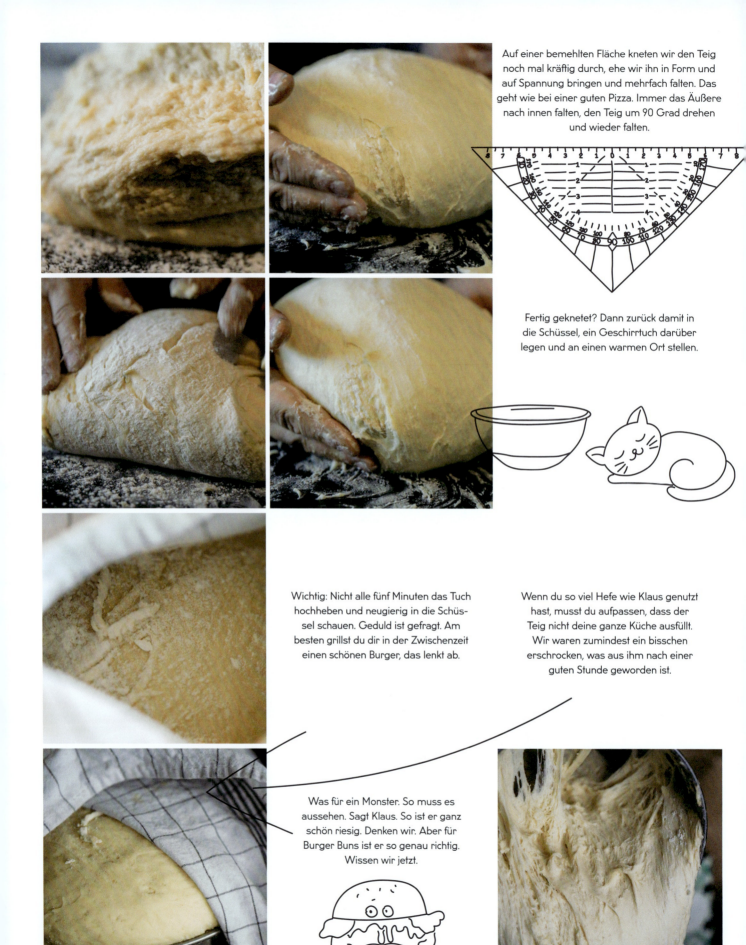

Auf einer bemehlten Fläche kneten wir den Teig noch mal kräftig durch, ehe wir ihn in Form und auf Spannung bringen und mehrfach falten. Das geht wie bei einer guten Pizza. Immer das Äußere nach innen falten, den Teig um 90 Grad drehen und wieder falten.

Fertig geknetet? Dann zurück damit in die Schüssel, ein Geschirrtuch darüber legen und an einen warmen Ort stellen.

Wichtig: Nicht alle fünf Minuten das Tuch hochheben und neugierig in die Schüssel schauen. Geduld ist gefragt. Am besten grillst du dir in der Zwischenzeit einen schönen Burger, das lenkt ab.

Wenn du so viel Hefe wie Klaus genutzt hast, musst du aufpassen, dass der Teig nicht deine ganze Küche ausfüllt. Wir waren zumindest ein bisschen erschrocken, was aus ihm nach einer guten Stunde geworden ist.

Was für ein Monster. So muss es aussehen. Sagt Klaus. So ist er ganz schön riesig. Denken wir. Aber für Burger Buns ist er so genau richtig. Wissen wir jetzt.

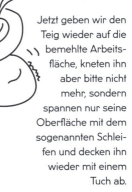

Jetzt geben wir den Teig wieder auf die bemehlte Arbeitsfläche, kneten ihn aber bitte nicht mehr, sondern spannen nur seine Oberfläche mit dem sogenannten Schleifen und decken ihn wieder mit einem Tuch ab.

Mit einem scharfen Messer oder einem Spatel kannst du den Teig jetzt halbieren und dann in 160 Gramm-Stücke aufteilen. Eine Waage direkt neben der Arbeitsfläche hilft dir dabei sehr.

Kurz die kleinen Bälle noch mal schleifen und noch mal ungefähr eine Stunde lang ruhen lassen. Du siehst: Es braucht Zeit, um eigene Burger Buns herzustellen. Aber es lohnt sich!

Die Buns lassen sich übrigens auch auf einem Pizzastein im Grill backen – im Ofen ist es aber einfacher.

Mit einer Gabel Eigelb und Milch gut verrühren und dann mit einem Pinsel die Eiermilch auf den Buns verstreichen. Dafür liegen die am besten schon auf dem Backblech. Spätestens jetzt den Ofen auf 200 Grad vorheizen.

Fehlt noch, je nach Lust und Laune, etwas Sesam. Der haftet jetzt, auf der eingepinselten Oberfläche, natürlich noch viel besser.

Und ab damit in den Ofen. Klaus gießt dabei noch etwas Wasser auf den Ofenboden, damit der Dampf für mehr Hitze sorgt und die Buns (noch) besser aufgehen.

Nach etwa zehn Minuten sollten deine Buns perfekt sein, herrlich duften und so lecker aussehen, dass du aufpassen musst, dass du nicht direkt reinbeißt.

BERND BURGER-SOSSE

Wer unseren Kühlschrank kennt, der weiß: An gekauften Burgersoßen mangelt es bei uns nicht. Und wer jemals einen Blick in den Einkaufswagen von Klaus geworfen hat, der ahnt nicht nur: Hier wird alles gekauft, was fernab von Mayonnaise, Ketchup und Senf als Soße auf Bun und Patty landen kann. Aber natürlich sind all diese Soßen und Tuben, Gläser und Flaschen nur etwas für die schnelle Nummer am Grill. Du hast Zeit, Muße gar, und willst nichts Fertiges kaufen, sondern alles selbst machen? Dann ist das hier genau richtig für dich. Universell einsetzbar, schnell zusammengerührt und um Meilen besser als alles, was wir im Kühlschrank und Klaus im Einkaufswagen haben.

MAYO, KETCHUP
SALZ & PFEFER
PICKLES (S.30) ODER ROTE ZWIEBELN
SENF, PAPRIKAPULVER
(GERÄUCHERT)
BURGERGURKEN

Wir starten mit dem, was auf die gute, alte Pommes Schranke gehört: Mayonnaise und Ketchup. Wer es hier richtig machen will, der nimmt beides mit möglichst wenig Zucker und den Ketchup mit möglichst viel Tomate. Klaus macht das allerdings genau andersherum...

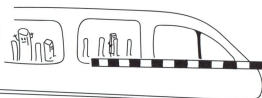

Dann lassen wir Salz und Pfeffer über das rot-weiße Gemisch schneien und halten schon mal den Finger rein – natürlich nur zu Testzwecken.

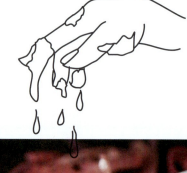

Wenn du magst und hast, dann wäre jetzt ein sehr guter Zeitpunkt, um die eingelegten Zwiebeln aus dem Glas zu holen. Du weißt (noch) nicht, wie du die zubereitest? Dann blättere einfach um, ziehe keine 4.000 € bei LOS ein und starte dennoch erst einmal damit.

Die Zwiebeln sehr klein schneiden und dann ab damit in deine Soße. Solltest du keine eingelegten Zwiebeln haben, dann a) schäm dich und b) schüttel dich und nimm einfach eine normale Zwiebel und hack sie klein.

Was fehlt noch, wenn du an einen ehrlich Imbiss denkst? Genau: ehrlicher Senf. Also auf geht's, rein damit.

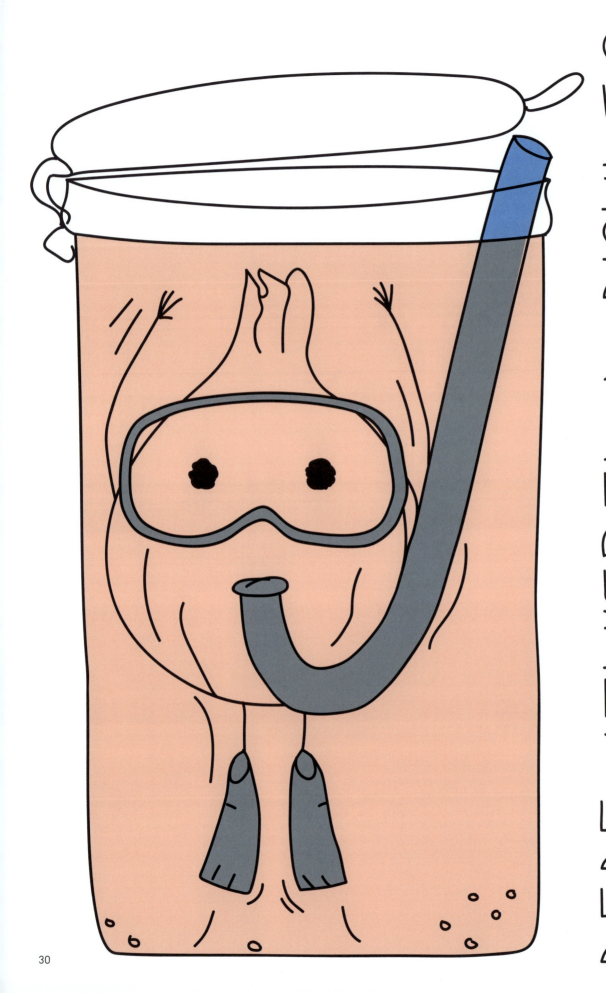

5 ROTE ZWIEBELN
KRÄUTER NACH BELIEBEN
75G BRAUNER ZUCKER
20G SALZ, 3EL SENFKÖRNER
500ML WASSER, 500ML WEISSWEINESSIG

Als Klaus uns erzählt hat, dass wir un-be-din-gt Pickles mit ins Buch holen müssten, wurden wir ein wenig rot. Wir wussten nicht ansatzweise, was er meint. Pickles? Nie gehört. Was ganz sicher unser Fehler, nahezu unverzeihlich ist. Denn diese eingeweckten Zwiebeln passen eigentlich zu allem – nicht nur zu Burgern. Auf die Pizza, ins Fladenbrot, neben das Steak, zum Hotdog. Sie sind einfach gemacht, halten sich unglaublich lange und lassen sich sogar mit Tomate, mit Gurken, mit jeder Menge weiterem Gemüse variieren. Also: Nicht rot werden, sondern loslegen.

Vor das Grillglück hat der Grillgott das Zwiebelschneiden gesetzt. Er wird lachen. Wir weinen.

Aufgepasst! Wir schmeißen hier die Schale nicht in den Bio-Müll, sondern bewahren sie auf.

Vorteil hier: Wir brauchen keine winzigen Zwiebelwürfel, dafür aber viele, also sehr viele Zwiebelringe.

Die Zwiebelringe zunächst beiseite stellen. Wir fangen mit den Schalen an, die du jetzt in einen Topf gibst, der entweder auf dem Grill oder dem Kochfeld steht. Wobei – das hier ist ja ein Grillbuch. Also los, los, auf zum Grill.

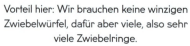

Zu den Schalen gibst du Kräuter nach Belieben, Zucker, Salz und Senfkörner.

Und weil alles auf deinem Grill steht, schnell, also wirklich sehr schnell, das Wasser hinzugeben.

Fertig? Dann koch jetzt alles ein Mal ordentlich auf, damit der Sud Geschmack und Farbe annimmt. Es blubbert ordentlich? Schön.

Jetzt die Hitze reduzieren und die Zwiebelschalen und die Kräuter abschöpfen. Ein paar Senfkörner dürfen gerne im Topf bleiben. Füg dem heißen Sud nun den Essig hinzu.

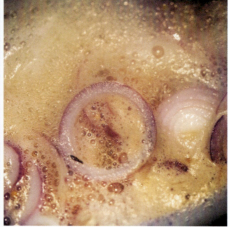

Da sind sie wieder: unsere Zwiebelringe. Ab in den Sud und das Ganze nochmals aufkochen lassen, damit die Zwiebeln weicher werden. Wenn du das riiiechen könntest!

Hatten wir nicht gerade noch eine Schöpfkelle zur Hand? Ja, genau. Jetzt benötigst du sie – natürlich ohne Schalen- und Kräuterreste – erneut, um die Zwiebelringe aus dem Topf zu angeln.

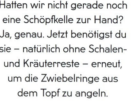

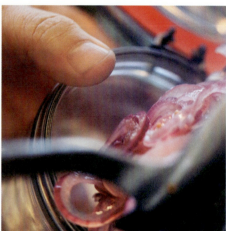

Am besten füllst du die Zwiebeln in ein klassisches Einmachglas. Gehen tut auch ein ausgedientes Marmeladenglas. Hauptsache, es ist schön sauber und lässt sich fest verschließen.

Das Glas bis zum Rand mit Sud und Senfkörnern auffüllen und verschließen. Dann auf den Kopf stellen, damit sich ein Vakuum bilden kann – und die Zwiebeln haltbar werden. Nach dem Abkühlen am besten im Kühlschrank aufbewahren. Wie lange sie sich halten? Liegt ganz bei dir...

PASST ZU BURGER.
ZU HOTDOG.
ZU PIZZA.
ZU FRIES.
EIGENTLICH ZU ALLEM.

Es ist doch ganz einfach: Kartoffeln schälen, Kartoffeln in kleine Schnitzel schneiden, ab damit in die Fritteuse und fertig sind die Pommes, die bestimmt besser als die aus dem Ofen oder von der Pommesbude schmecken. Aber natürlich geht hier noch weitaus mehr. Wenn Klaus Pommes selbst zubereitet, dann murmelt er etwas von der belgischen Variante, greift er zu Essig und frittiert gleich doppelt. Einmal so erlebt, probiert, gefeiert, gibt es kein Zurück mehr. Also: Fritteuse anfeuern und nachmachen. Und bitte, bitte nicht die Heißluft-Fritteuse nutzen. Die ist zwar auch ganz nett, aber hier sind wir uns einig: Wenn Pommes, dann die, die in echtem Öl gebadet haben.

FESTKOCHENDE KARTOFFELN
ESSIG, SONNENBLUMENÖL
SALZ, PAPRIKA ODER POMMES-
GEWÜRZ (WIE DU MAGST)

PETER POMMES

Wir starten ganz normal und wissen: Vor den Spaß hat der Kochgott das Schälen und Waschen gesetzt. Also Ärmel hochkrempeln und loslegen.

Einfach kaltes Wasser über deine festkochenden Kartoffeln laufen lassen und nicht übertreiben – sie schwimmen ja nachher noch in sehr heißem Fett.

Wenn du keine Pommesschneidemaschine hast, nimmst du jetzt ein scharfes Messer und schneidest deine Kartoffeln einfach in längliche Stücke. Wenn doch, kommt deine Maschine jetzt endlich mal zum Einsatz.

Jetzt baden wir die noch rohen Pommes in Wasser, in das wir zuvor einen sehr kräftigen Schluck Essig gespritzt haben.

Wenn sie hier

5 MINUTEN

gebadet haben, rausnehmen und wieder ordentlich mit Wasser abspülen, damit sich der Essigwassergeschmack verabschiedet.

Die Pommes zum Trocknen auf Haushaltspapier legen und leicht damit abtupfen, damit die Feuchtigkeit verschwindet.

Jetzt geht's ab zur Fritteuse. Wir raten dir, das Ganze draußen zu machen. Sonst riecht deine Küche tagelang wie ein ausgewachsener Imbiss.

So heiß sollte das Fett – wir nutzen Sonnenblumenöl – schon sein. Wenn es immer noch schöne Blasen wirft, wenn du es erhitzt, ist damit auch nach Monaten noch alles okay. Wenn nicht, besser austauschen.

Der eigentliche Clou beim Pommesfrittieren: Wir bringen sie zwei Mal ins Fett. Also jetzt erst einmal rausnehmen, auch wenn sie noch längst nicht braun und kross aussehen – und dann gut (ab)trocknen (lassen).

Nach einer kleinen Ruhezeit – fünf Minuten darf die ruhig umfassen – geht es wieder zurück ins heiße Öl. Wenn du kannst, dann jag die Temperatur jetzt noch zehn Grad höher.

Ruhig zwischendurch mal den Korb aus der Fritteuse nehmen und die Pommes ordentlich durchschütteln. Macht dein Freund in deinem Lieblingsimbiss nicht? Dann weißt du, warum es bei dir besser schmeckt.

Bitte genau hinschauen: Kommen die Pommes so langsam an die Oberfläche? Dann hast du alles richtig gemacht und kannst gleich probieren. Sei bitte vorsichtig! Die sind noch

SEHR

heiß!

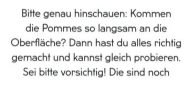

Tu uns und dir einen Gefallen: Probier sie pur und lass sie nicht gleich unter einem Ketchupberg versinken. Es lohnt sich!

Wenn deine Pommes so braun aussehen, ist es für sie an der Zeit, das Öl zu verlassen. Und bitte nicht gleich in eine Schale werfen, sondern in Ruhe abtropfen lassen.

Was jetzt kommt, kann fast zu einem ausgewachsenen Glaubenskrieg ausufern. Wie viel Salz muss denn nun auf die Pommes? Oder Paprika? Oder Pommesgewürz? Probier es doch einfach mal aus. Wir? Nehmen selbst nur Salz. Und sonst nix.

MÖHREN, SPITZKOHL

BRAUNER ZUCKER

OLIVENÖL

MAYO ODER MIRACEL WHIP

SALZ & PFEFFER

CARSTEN COLESLAW

Was haben wir ihn gebeten. Gebettelt gar. Aber irgendwie wollte uns Klaus nicht hören. Und das Rezept für diesen Salat nicht herausrücken. Natürlich kannst du ihn einfach kaufen. Meist läuft er unter „Farmersalat" – auch wenn Klaus bestimmt sagen wird: Das ist was gaaaaaanz anderes. Aber gekaufter Salat ist eh nie vergleichbar mit Selbst gemachtem und so können wir hier nun endlich das rote Tuch über Rezept und Salat lüften und wissen: Der muss es sein. Immer und immer und immer wieder. Quasi zu allem.

Gar nicht mal soooo überraschend starten wir mit den Möhren. Und das geht so:

- ☑ beide Enden abschneiden
- ☑ schälen
- ☑ raspeln

Und weil du jetzt schon so gut mit der Reibe umgehen kannst, direkt nach den Möhren den Spitzkohl ansetzen und weiter raspeln, was das Zeug hält.

Als Grill-Laien würden wir sagen: Hier bieten sich Kettenhandschuhe an, wenn der geraspelte Kohl noch mal durch eine feinere Raspel geschoben wird. Klaus? Pfeift drauf.

Optimal ist es, wenn die Möhren- und die Kohlstücke gleich groß sind – und möglichst wenig Blut auf beide getropft ist.

Wieso der Coleslaw, also der Krautsalat, so gut schmeckt? Ein bisschen auch wegen des Zuckers, der in ihm steckt. Aber das verraten wir niemandem.

Es fehlen noch: Olivenöl und wahlweise Mayonnaise (noch süßer) oder Miracel Whip (frischer). Rate, was Klaus wählt.

Es fehlt noch eine Portion Würze. In diesem Fall Salz und Pfeffer – das war's.

DAS war schon das gesamte Geheimnis rund um den sagenumwobenen Coleslaw? Ja. Nur noch umrühren, abschmecken, zum Burger packen und genießen. Das Leben kann manchmal sehr einfach sein. Und sehr lecker.

ANGELIKA AVOCADO

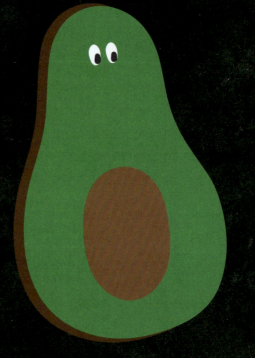

Sagen wir mal so: Unser Verhältnis zur Avocado ist zwiegespalten. Jeder Möchtegern-Grüner schneidet sie sich auf die Stulle und fühlt sich unglaublich vegetarisch und gesund und ganz wunderbar. Gerne vergessend, dass die Dinger im Wachstum Unmengen an Wasser verbrauchen und meist per Luftfracht zu uns kommen. Innen sind sie natürlich grün. Aber das ganze Drumherum? Eher nicht.

Nun gut: Jedem das seine. Wenn aber eine Avocado erst paniert, dann frittiert und danach verspeist wird, dann werfen wir alle Grundsätze über Bord, wundern uns erst, und freuen uns dann über so einen überraschenden Leckerbissen, der Fingerfood in seiner ursprünglichen Form ist. Nur bitte: Erst abkühlen lassen. Und nicht direkt in die Fritteuse fassen – auch wenn es verlockend aussieht.

EIER, SALZ & PFEFFER
SAHNE, AVOCADOS
PANKOMEHL
SONNENBLUMENÖL
JOPPIE-SOSSE ODER REMOULADE

Wir starten mit ein paar Eiern. Hier musst du nichts trennen, hier musst du nichts auffangen – einfach nur die Eier aufschlagen und in die Schüssel geben.

Dazu, wie eigentlich immer, Salz und Pfeffer geben. Und das nicht zimperlich, sondern mit Schwung!

Ein Schuss Sahne darf hier nicht fehlen. Und, kleiner Tipp am Rande: Ist auch perfekt, wenn du ein Rührei zubereitest. Einfach mal ausprobieren.

Jetzt kräftig umrühren und aufpassen, dass nichts über die Ufer geht.

Die geschlagenen Eier zur Seite schieben und die Avocados zur Hand nehmen. Und dabei immer daran denken: Der Unfallchirurg spricht nicht ohne Grund von der Avocadohand. Also: Vorsicht beim Schneiden!

Der Kenner, besser noch: der Könner setzt das Messer direkt in die Avocado und dreht die Avocado gegen den Kern. Schon lässt sich dieser perfekt lösen.

Jetzt noch die Schale mit der Hand entfernen und die Avocados sind einsatzbereit.

Die Avocados in schmale Stücke schneiden. Das geht einfach, wenn die Frucht noch nicht zu weich ist. Also schon beim Einkaufen darauf achten und den Drucktest machen. Sind sie zu weich, werden sie schnell zu Brei.

Pack dabei deine Fritteuse nicht allzu voll, sondern gib den Stücken Raum zum Schwimmen.

Hier zeigen sich die Qualität und das Alter deines Öls. Blubbert es so schön wie hier und sind die Blasen ganz klar? Dann wird es dir noch viele Durchgänge lang Freude bereiten.

Wenn die Avocados so schön braun sind, ist es Zeit, dass sie das heiße Bad verlassen. Am besten nimmst du das gesamte Sieb raus und schüttest den Inhalt vorsichtig auf ein neues Blatt Haushaltspapier.

Klaus schwört zum Dippen auf die holländische Joppie-Soße. Für uns könnte es auch dänische Remoulade sein.

WIE SCHÖN DAS BLUBBERT.
UND VOR ALLEM:
WIE SCHÖN DAS GLEICH SCHMECKT!

Das Problem bei Dingen, die in Mode kommen, ist, dass sie plötzlich da sind und zeitgleich niemand mehr von etwas anderem redet. Beim Smashed-Burger ist das ähnlich. Mit einer kleinen Ausnahme: Er steht zu Recht da ganz oben. Wer schon mal in diesen Mix aus zerfließendem Käse und krossem Hack gebissen hat, weiß: Nie wieder darf ein Patty daumendick sein. Es braucht dafür nur eine Art Plätteisen, mit dem man die Hackkugel dünn wie Graubrotscheiben pressen kann. Und natürlich den Tipp von Klaus, dabei immer Backpapier zu nutzen. Aber das erklären wir dir gleich. Und hoffen, dass der Smashed-Burger wieder aus der Mode kommt. Nur bei uns nicht.

RINDERHACK
BUTTER
BRIOCHE BUNS
SCHALOTTEN, SENF
KÄSE, BURGERGURKEN, KETCHUP

Bevor es an der Arbeitsfläche losgeht, brauchen wir ein ordentliches Feuer. Wir grillen am OFYR und entzünden Holz. Bei dir kann es natürlich auch Gas oder Kohle sein.

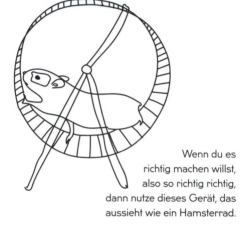

Wenn du es richtig machen willst, also so richtig richtig, dann nutze dieses Gerät, das aussieht wie ein Hamsterrad.

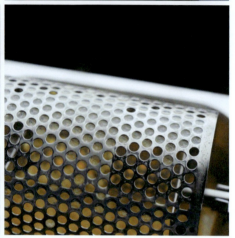

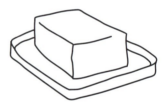

In ihm schmilzt gut und gerne ein ganzes Stück Butter, das dann über das Rad dein Burgerbrötchen perfekt benetzt.

Nun aber ab zum Fleisch. Wenn du wissen willst, wie du dein Rinderhack am besten selbst herstellst, dann schau in unseren Klassiker WIR GRILLEN.

Soooooo schwer sollte dein Patty sein. Also ungefähr, eher so über den dicken Daumen. Klaus nimmt es hier übrigens ganz genau. Und freut sich wie ein Schneekönig.

106 G

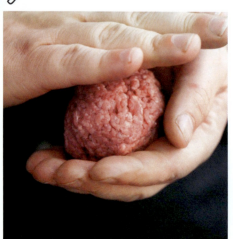

Und dann aus dem Rinderhack richtig schöne, kleine, kompakte Kugeln formen. Die zunächst auf einen Rost und dann in den Kühlschrank legen.

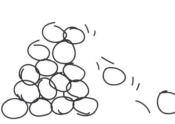

Wie immer: Erst einmal die Messer wetzen und alles kurz und klein schneiden. In diesem Fall: Schalotten. Und gar nicht mal so klein, sondern nur in Streifen.

Kurzer Blick zum Feuer: Da sieht alles gut aus. Kurzer Blick auf die Plancha: Hier braucht es ein bisschen Olivenöl. Dann sollte es schon ordentlich zischen und dampfen.

Jetzt kommt der Teil, der aus einem 08/15-Burger einen Smashed-Burger macht. Also: Hack-Kugel auf die Plancha legen, mit Back- oder Butterbrotpapier abdecken und mit einem schweren Gegenstand plattdrücken.

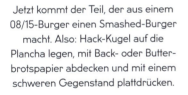

Wir haben uns für ein echtes Spezialgerät entschieden. Mit viel Kraft und einer Grillpalette funktioniert es aber auch. Hauptsache, der Patty ist nachher sehr, sehr dünn.

Soooo dünn sollte der Patty jetzt aussehen – und er darf am Rand gerne so ausgefranst sein. Warte jetzt aber bitte mit dem Umdrehen, sonst reißt er dir in Stücke. Du magst es gerne würzig? Dann mach es besser so.

Schalottenstreifen direkt auf die Hack-Kugel legen und dann genauso wie eben – mit dem Butterbrotspapier gegen das Verkleben – aus der Kugel eine Briefmarke machen.

Während deine Pattys brutzeln, kannst du dich um deine Buns kümmern. Wir haben uns für Brioche Buns entschieden und ziehen sie über das Burger-Hamsterrad, damit sie schön buttrig werden.

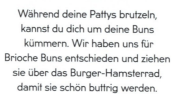

Ab mit den Buns auf den Grill. Obacht! Die werden so eingebuttert sehr schnell sehr braun. Also immer mal wieder vorsichtig drunter schauen und rechtzeitig vom Grill nehmen.

Noch ein kleiner Tipp: Gib auf die noch rohe Patty-Seite etwas Senf. Wir haben uns hier für eine süße Variante entschieden – scharf geht natürlich auch, wenn du es scharf magst.

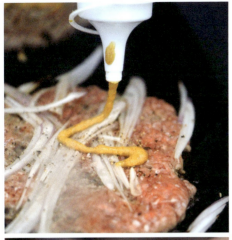

Jetzt vorsichtig, aber nicht zaghaft mit der Grillpalette umdrehen.

So kross sollte dein Patty aussehen, wenn du es umdrehst. Und dann bitte AUF GAR KEINEN FALL noch mal wenden.

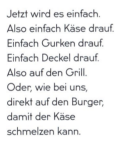

Jetzt wird es einfach.
Also einfach Käse drauf.
Einfach Gurken drauf.
Einfach Deckel drauf.
Also auf den Grill.
Oder, wie bei uns,
direkt auf den Burger,
damit der Käse
schmelzen kann.

Wenn du – so wie wir – auf dem OFYR oder einer anderen Feuerplatte grillst, dann kannst du mit einer Quetschflasche noch etwas Wasser unter die Burgerglocke spritzen. Der Wasserdampf beschleunigt dann Garzeit und Schmelzprozess. Das klappt aber auch ohne Glocke gut, also keine Angst.

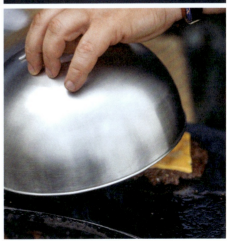

Wenn deine Buns so schön braun, aber noch lange nicht schwarz sind, hast du alles richtig gemacht. Runter vom Grill. Jetzt kannst du mit dem Stapeln beginnen.

Klaus mag und macht es hier ganz simpel. Ketchup drauf, Patty drauf, noch ein Patty drauf, wieder Ketchup drauf und:

FERTIG!

Sieht irgendwie etwas eintönig aus? Dir fehlen Salatblatt und Riesentomate? Mag sein. Weil du eben noch nicht reingebissen hast...

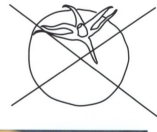

Wenn du zum ersten Mal in diesen Smashed-Burger beißt, dann weißt du: Es fehlt überhaupt gar nichts. Käse und Patty sind eins geworden und du willst, mehr, immer mehr.
Und wenn du es wirklich perfekt machen willst, dann schneide deinen Burger in zwei Hälften und grill ihn noch ganz kurz auf der Schnittseite. Also so:

RIBEYE-STEAK
PAPRIKA (GELB, GRÜN, ROT)
ROTE ZWIEBELN
OLIVENÖL, BURGER BUNS
MOZZARELLA, CHEDDAR
BARBECUE-SOSSE

Hier lehnen wir uns mal weit, sehr weit aus dem geöffneten Fenster: Für echte Beef-Fans gibt es keinen authentischeren Burger. Nun ist das Wort „authentisch" in jüngster Zeit doch stark überstrapaziert worden. Und so korrigieren wir uns selbst und sagen, natürlich auch komplett inkorrekt: keinen männlicheren Burger. Wobei wir hoffen, dass es auch Frauen gibt, die gerne ihre männliche Seite rauskehren und nicht allzu pingelig mit der Geschlechtersprechproblematik umgehen. Was wir eigentlich sagen wollen: Der Burger hier hat Wumms. Und wie. Hier wird das Steak noch mittels Grillpalette direkt auf der Plancha in Stücke gehackt, braucht es also keinen Fleischwolf. Vermengt mit Käse und Gemüse entsteht so ein wahres Kraftpaket, ein XL-Burger, ein echter Beef-Brummer.

Fällt dir schwer, wissen wir. Und uns geht es nicht anders. Aber hier schneiden wir jetzt das schöne Steak tatsächlich in längliche Stücke. Später erfährst du, warum. Also: Trau dich.

Am besten machst du es so, dass du das Steak immer weiter der Länge nach durchschneidest, bis du sehr dünne Scheiben vor dir liegen hast. Denk daran: je dünner jetzt, desto krosser nachher.

Wenn deine Stücke so

aussehen, dann passt es und du kannst das Fleisch, nicht aber das Messer aus der Hand legen.

Auch die Paprika will in Stücke geschnitten werden. Wusstest du, dass sich die rote Paprika besser zum Kochen, die gelbe besser zum Grillen eignet? Und weißt du jetzt, warum du hier eine gelbe Paprika siehst?

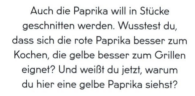

Wir wissen aber auch: Das Auge isst mit. Also schnell noch eine grüne Paprika geschnappt und auch die in Stücke geschnitten.

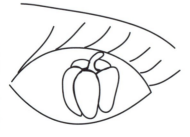

Und damit wir die Verwirrung komplett machen, jagen wir auch noch eine rote Paprika durch die flinken Hände von Klaus. Dann soll, ach was, muss es das aber auch gewesen sein.

Kleiner Tipp:
Hier hast du jetzt endlich mal die Chance, alle drei Paprikafarben vom Grill zu probieren.
Also leg dir von jeder einen Streifen zur Seite und probier sie separat, nachdem sie gegrillt wurden.

Schnell noch ein paar Zwiebeln klein geschnitten. Vielleicht ist dir schon aufgefallen, dass Klaus fast nie weiße und eigentlich immer rote Zwiebeln nimmt. Könnte am Geschmack liegen...

Unsere Vorbereitungen sind abgeschlossen, wir können endlich zum Grill gehen, auf dem Plancha, Pfanne oder Speckstein schon ordentlich Hitze aufgenommen haben.

Zuerst einen Schuss Öl auf die heiße Fläche geben und schauen, wie heiß sie wirklich ist. Kleine Bläschen zeigen dir: Passt so.

Zuerst wandert dein Fleisch auf den Grill. Ein Mal kurz andrücken und dann geht es sehr schnell, bis aus sehr roh sehr kross wird.

Also schnell schon mal um deine Buns kümmern. Hat der Hersteller sie schon durchgeschnitten? Gut. Hat er nicht? Dann hol es doch einfach nach.

Zwischendurch schon mal das Fleisch wenden. Du hast den perfekten Zeitpunkt erreicht? Glückwunsch! Dann sollte das Ganze auf der einen Seite jetzt so aussehen.

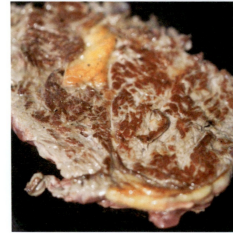
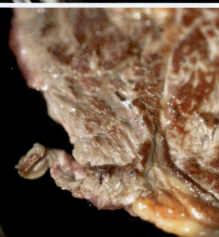

Du könntest schon reinbeißen? Das können wir gut verstehen. Aber auch hier gilt: Geduld! Also erst einmal das Gemüse dazu legen und aufpassen, dass nichts anbrennt.

Sieht das nicht schon gut und lecker aus? Du könntest jetzt alles auf einen Teller heben, etwas Brot dazu packen und fertig ist das Grillgericht. Aber: Wir grillen hier ja Burger. Also bist du doch noch nicht fertig.

Das Gemüse jetzt vorsichtig umheben und darauf achten, dass wirklich jedes noch so kleine Paprikastück gewendet wird. Sonst gibt es nachher sehr schwarze Stellen. Und das will ja niemand.

Du hast noch Platz auf deinem Grill, vielleicht sogar noch einen Teil mit einem Rost ausgestattet? Wunderbar! Dann können hier gerne deine Buns Platz nehmen.

Jetzt kommt der für dich schwerste Part: Du schnappst dir deine scharfe Grillpalette und teilst das Fleisch damit in noch deutlich kleinere Streifen.

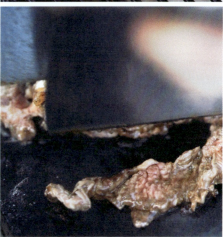

Geschafft? Okay! Das war die emotional härteste Aufgabe der Zubereitung. Wer zerrupft schon gerne ein Ribeye-Steak? Wir! Und gleich weißt du auch, warum.

Wer schon mal mit Klaus am Grill gestanden hat, weiß: Er nutzt und nimmt gerne Käse. Sehr gerne sogar. Und sehr viel noch dazu. Also auch hier.

Klaus entscheidet sich für Mozzarella und Cheddar. Du einfach für den Käse, den du am liebsten magst.

Wenn der Käse wunderbar zerlaufen ist, wenn das Fleisch (probieren erlaubt) richtig gut schmeckt, wenn das Gemüse knackig, aber „grillig" schmeckt, dann kann es losgehen mit der Burger-Stapelei.

Dafür noch einen doppelten Klecks Barbecue-Soße auf Bun-Deckel und Schmelzkäse setzen – und fertig.

Fährt Klaus bei der Fast Food-Kette mit dem großen, goldenen M vor, dann bestellt er sich nahezu immer einen McRib. Oder auch zwei. Oder drei. Viel wichtiger als die Anzahl ist ihm aber der Soßenanteil – der gar nicht groß genug sein kann. Das Fleisch muss in der Soße schwimmen. Findet er. Das Fleisch mitsamt Soße macht man lieber selbst, so wie den ganzen Burger. Sagen wir. Also wagen wir uns hier nicht nur an einen echten Klassiker, sondern zeigen dir, wie er leckerer, gesünder, frischer, schlichtweg: besser zuzubereiten ist.

MANU MÄCRIPP

HONIG-BARBECUE-SOSSE
COLA, SALZ & PFEFFER
SCHWEINEHACK
OLIVENÖL, VOLLKORNBAGUETTE
BUTTER, SCHALOTTEN, BURGERGURKEN

Na, die Zutaten sehen irgendwie nicht so aus wie wir das aus dem Fast Food-Restaurant kennen. Aber es geht ja auch nicht darum, ihn nachzuahmen. Sondern ihn noch viel, viel besser zu machen.

Wir starten heute mal mit einer Honig-BBQ-Soße. Es gibt sogar die echte McDonald's-Soße zu kaufen. Aber wir nehmen lieber eine normale Variante aus dem Regal und erhitzen sie in einer Gusspfanne.

Typisch Fast Food: Cola. Und hier macht sie tatsächlich Sinn. Also rein mit ihr in die Pfanne und gut mit der Soße verrühren.

Etwas ungewohnt, aber dennoch richtig: Die Soße mit Augenmaß salzen und pfeffern.

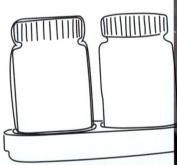

Wenn sie so schön glatt und geschmeidig aussieht, kannst du sie in den Bereich deines Grills stellen, wo sie nur warm gehalten wird, aber bitte nicht mehr köchelt.

Jetzt können wir uns dem Fleisch zuwenden. Klassischerweise besteht der MäcRipp aus Schweinehack. Und das ballern wir jetzt nicht einfach so auf den Grill, sondern formen es erst einmal zu einer Art Ziegelstein.

Wer Klaus kennt, der weiß: Niemand widmet sich mit so viel Hingabe der Zubereitung von Fleisch wie er. Also bring dein Patty in Form, drück es ein bisschen von oben und den Seiten, damit es sich später gut wenden und transportieren lässt.

TIPP:

Damit die Soße gut auf dem Patty haftet, ist es besser, wenn das Fleisch kein großer Klumpen ist, sondern du mithilfe eines Löffelstiels ein paar Rillen in das Hackfleisch drückst.

So präpariert, kannst du die Pattys vorsichtig auf die vorgeheizte und eingeölte Plancha legen. Ein Rost geht auch, macht das Wenden und Grillen aber deutlich schwieriger.

Pfeffer und Salz sind auch hier deine Freunde. Und gerade weil das Hackfleisch vorher gar nicht gewürzt wurde, kannst du die beiden Gewürzmühlen nun kräftig drehen.

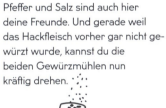

Bei den Buns hat Klaus zu einer eher überraschenden Variante gegriffen. Die Dinger sehen aus wie kleine Vollkornbaguettes – und am Ende sind sie das auch. Aber das heißt ja nicht, dass sie schlechter schmecken als die Papp-Brötchen von der Fast Food-Kette. Ganz im Gegenteil.

Wie nicht anders zu erwarten, kommt auch hier wieder das Butterrad zum Einsatz. Auch das gibt es beim Burgerladen um die Ecke nicht. Aber bei uns. Direkt auf dem OFYR.

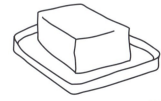

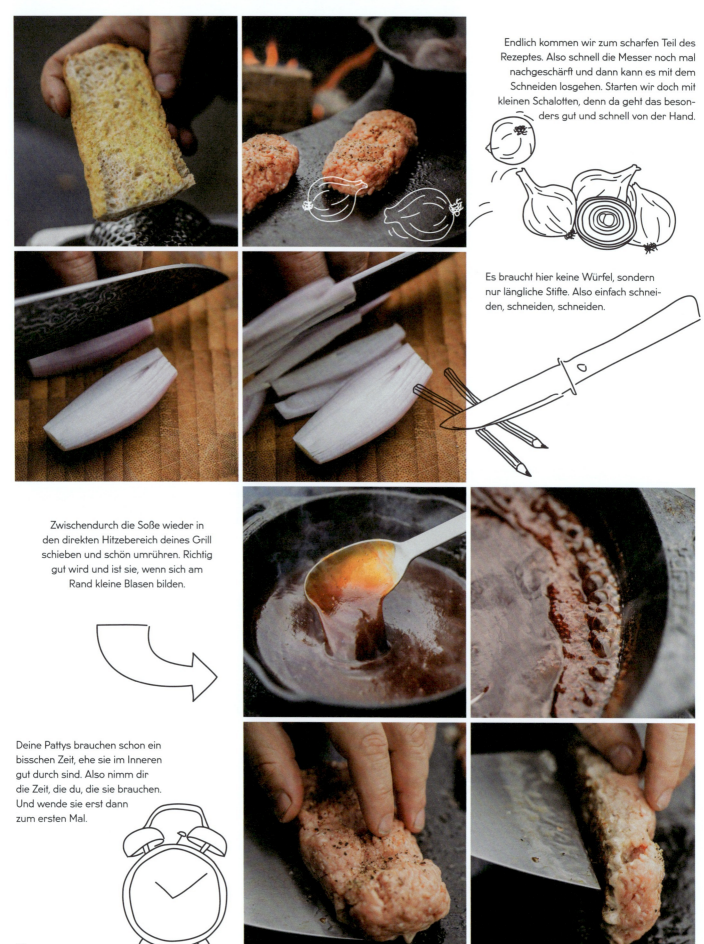

Endlich kommen wir zum scharfen Teil des Rezeptes. Also schnell die Messer noch mal nachgeschärft und dann kann es mit dem Schneiden losgehen. Starten wir doch mit kleinen Schalotten, denn da geht das besonders gut und schnell von der Hand.

Es braucht hier keine Würfel, sondern nur längliche Stifte. Also einfach schneiden, schneiden, schneiden.

Zwischendurch die Soße wieder in den direkten Hitzebereich deines Grill schieben und schön umrühren. Richtig gut wird und ist sie, wenn sich am Rand kleine Blasen bilden.

Deine Pattys brauchen schon ein bisschen Zeit, ehe sie im Inneren gut durch sind. Also nimm dir die Zeit, die du, die sie brauchen. Und wende sie erst dann zum ersten Mal.

Sieht schon zum Anbeißen aus? Stimmt. Aber, glaub uns, ist es noch nicht. Also umdrehen und wieder in Ruhe lassen. Nur gucken, nicht reinbeißen.

Die Soße schön weiter umrühren. Wir rücken sie auf unserem OFYR noch ein wenig näher ans Feuer, damit sie jetzt noch mal kräftig aufkocht. Und so langsam gewinnen auch unsere Pattys an Farbe.

Wenn deine Soße am Rand der Gusspfanne schon fest wird, fast ein wenig klebt, ist sie fertig und es kann mit dem Anrichten und Stapeln losgehen.

Wenn du es richtig gut machen willst, dann grillst du deine Pattys wie Fischstäbchen – also von allen Seiten. Wie gut, dass du sie vorab ordentlich in Form gebracht hast und sie jetzt nicht auseinanderbrechen.

Wenn du dir unsicher bist, ob die Pattys schon gar und fertig sind, dann kannst du eins mal in zwei Teile schneiden. Sieht gut aus? Dann los. Sieht noch rosa aus? Dann bei Schweinefleisch nichts riskieren, sondern lieber noch ein wenig warten.

Normalerweise würden wir jetzt den Patty aufs Brötchen setzen und die Soße mit einem Löffel darüber gießen. Hier machen wir es aber wie bei einer guten Pasta: Alles kommt in die Pfanne.

Es kostet natürlich Zeit, wenn du das mit jedem einzelnen Patty machst. Aber: Es lohnt sich. Und wenn du eine große Pfanne hast, lassen sich in ihr auch gut mehrere Pattys auf einmal unterbringen.

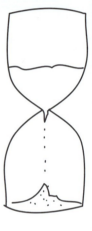

Wenn sich dein Patty so richtig gut mit Soße vollsaugen konnte, geht es mit ihm vorsichtig rüber zum Bun.

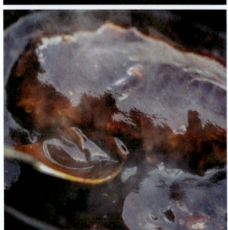

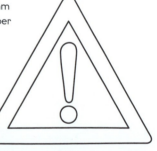

Nach und nach badest du deine Pattys so in der Soße. Aber, Vorsicht: Alleine beim Zuschauen kommt schon sehr großer Hunger auf. Also schieb deine Gäste besser weg vom Grill, ehe sie die Pattys essen, noch bevor sie auf die Buns gesetzt wurden.

Wenn du so exakt gearbeitet hast wie Klaus, passen die Pattys exakt auf die Buns. Du warst nicht ganz so genau unterwegs? Dann jetzt die Buns einfach mit dem Messer ein wenig einkürzen.

Jedes Mal, wenn Klaus bei uns zu Besuch ist, bringt er Burgergurken im Glas mit. Du kannst dir also vorstellen, wie es in unserem Kühlschrank ausschaut. Weißt aber auch: Hier brauchst du sie wirklich.

Du könntest die Schalotten noch ein wenig anrösten, wenn du willst. Aber notwendig ist das nicht. Bei der Fast Food-Kette kommen sie auch roh auf und in den Burger.

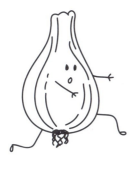

Soße? Kann für Klaus gar nicht zu viel auf den MäcRipp-liken Burger kommen. Er fragt im Restaurant sogar immer nach einer Extraportion. Und legt auch am Grill selber gerne noch 'nen Löffel nach, ehe alles fertig ist. Wir lieben es.

Ist das nun ein waschechter Asia-Burger? Wohl eher nicht. Aber: Sprossen und Ente passen perfekt zusammen, auch auf einem Burger. Wer sich jetzt fragt, ob Entenfleisch nicht viel zu hochwertig sei für so einen Burger, der schlägt sofort das Buch zu und es sich direkt vor die Stirn. Merke: Es kann gar nicht hochwertig genug sein. Also Entenbrustfilet kaufen, den Grill hochheizen und dann – ach, jetzt sind wir ja schon im Rezept. Also besser erst mal die Zutaten kaufen und beim zweiten, dritten Nachgrillen mit Sojasoße und weiteren Zutaten aus dem Asia-Shop 'nen echten Asia-Burger daraus machen.

OLIVENÖL
ENTENBRUSTFILETS
SALZ & PFEFFER
RADIESCHEN
NEKTARINEN
ROTE CHILI, MINZE, AHORNSIRUP
BURGER BUNS, MAYO, SALAT
SPROSSEN, SRIRACHA MAYO

Wir starten mit einer richtig heißen Plancha und einem Schuss Olivenöl. So können wir auch mit dem Märchen vom Olivenöl, das nicht auf die Plancha durfte, aufräumen. Doch, darf es. Sehr gerne sogar.

Während das Öl vor sich hin brutzelt, kümmern wir uns um die Ente – und das mit einem sehr scharfen Messer.

Wir schneiden die Überhänge ab, sind dabei aber bitte nicht zu kleinlich. Denn nicht nur Klaus weiß: Fett ist ein schöner Geschmacksträger. Und er weiß auch: So viel Fett hat eine Ente gar nicht.

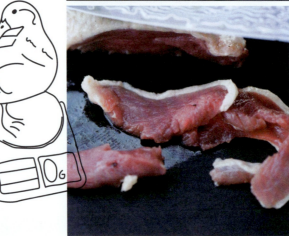
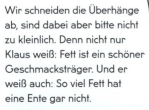

Es tut auf den ersten Blick ein wenig weh, aber wir grillen die Entenbrust nicht am Stück, sondern machen aus ihr – sagen wir, wie es ist – Hack. Und das nicht mit dem Fleischwolf, sondern mit unserem Messer. Und Geduld.

Also erst Scheiben und dann immer kleinere Würfel schneiden. Und schneiden. Und schneiden. Bis es am Ende wie Hack aussieht.

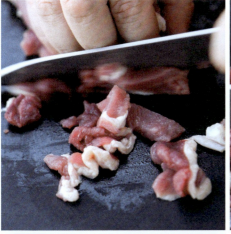

GESCHAFFT!

Jetzt geht es an die Würzerei. Und die ist ganz schlicht und einfach. Nimm einfach Salz und Pfeffer. Und sonst gar nichts.

Sehr gut ist es, wenn du jetzt einen Ring hast, mit dem du den Patty formen kannst. Hände tun es aber auch.

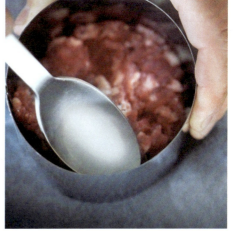

Das Fleisch mit einem Löffel ordentlich andrücken, den Ring vorsichtig abnehmen – und schon liegt vor dir ein Patty, der aussieht wie gemalt.

Jetzt noch ein wenig das Messer schwingen, aus Radieschen hauchdünne Scheiben zaubern und eine Nektarine halbieren, ohne die eigenen Finger gleich mit zu halbieren.

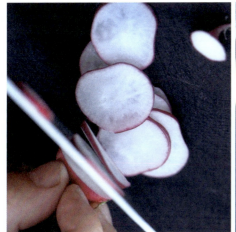

Jetzt könntest du ein wenig neidisch werden. Weil Klaus sein sündhaft gutes, aber auch sündhaft teures Messer rausgeholt hat. Sei dir sicher: Jedes Messer kann eine Nektarine in Stücke schneiden.

Was es natürlich auch braucht: eine gewisse Schärfe. Allerdings trennt sich hier die Spreu vom Weizen. Nimm also nur so viel, wie du magst. Und lass lieber nicht den großen Schärfeliebhaber raushängen. Dann heulst du nachher nur rum.

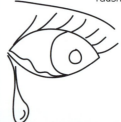

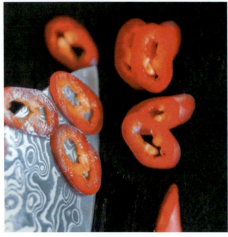

Eeeeeeeeendlich kommen wir zum Grillen. Und starten – kleine Enttäuschung – nicht mit dem Fleisch, sondern mit der Nektarine.

Jetzt kommen, direkt auf den Grill, ein paar Blätter Minze. Klaus mag die gerne, Julie mag die gar nicht, bei Tobias geht es so. Also wenn die im Limoglas herumschwimmen. Auf dem Grill aber mögen wir sie alle. Sehr.

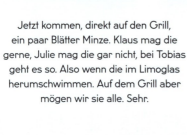

Was hier noch fehlt? Na klar. Eine Prise Salz und ein ordentlicher Schwung Pfeffer. Alles natürlich frisch gemahlen.

Aber es fehlt noch mehr. Ahornsirup. Ist süß, aber eben nicht zu süß. Also: Ab damit auf die Nektarinen-Spalten.

Den Nektarinen-Minze-Gewürz-Mix vom Grill nehmen und beiseite stellen. Jetzt noch ein bisschen Olivenöl auf die Plancha geben. Nun kann es mit dem Fleisch losgehen.

KNUSPER KNUSPER KNUSPER KNUSPER KNUSPER KNUSPER KNUSPER KNUSPER

Ach, schade. Wir starten doch noch nicht mit dem Fleisch. Sondern mit etwas Crunch. Mit Minze-Crunch sozusagen. Den stellen wir selber her, legen also Minzblätter auf den Grill und passen höllisch auf, dass sie ja nicht verbrennen.

Hier bietet sich die von uns so sehr geliebte Grillpinzette an, um die Blätter vorsichtig vom Grill zu nehmen, ohne sie in Stücke zu brechen.

ENDLICH!

Jetzt aber ab mit den Pattys auf den Grill. Und auch hier gilt: NICHT wie ein Wilder immer wieder wenden, sondern am besten nur ein einziges Mal.

Um zu sehen, ob dein Grill heiß genug ist, sollte das Olivenöl direkt am Patty so heiß sein, dass es kleine Blasen schlägt.

Wenn dein Burger so schön braun und kross aussieht, ist er bereit zum Wenden. Du weißt nicht, wann dieser Punkt erreicht ist? Klaus schon, wir nicht. Also heben wir das Ganze ein Mal ganz leicht an einer Seite an, schauen drunter und entscheiden dann...

Für diesen Burger hat Klaus ein besonderes Burger Bun aus Laugenteig ausgegraben. Klingt nach Oktoberfest, schmeckt aber auch im Juni. Und gibt es tatsächlich im REWE zu kaufen. Manchmal muss man sich einfach nur wundern.

REWE

Noch ein bisschen Geduld, bitte – du willst das Fleisch schließlich nicht zu Tode grillen. Also am besten noch ein wenig im indirekten Hitzebereich deines Grills ruhen lassen.

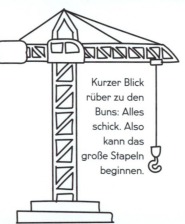

Kurzer Blick rüber zu den Buns: Alles schick. Also kann das große Stapeln beginnen.

Wir starten mit ganz normaler Mayonnaise. Natürlich kannst du hier auch eine super exklusive, selbst gemachte Burgersoße nehmen. Wir wissen aber: Mayo tut es auch. Sehr gut sogar.

Es fehlt natürlich auch etwas Grünes.
Bitte nicht nehmen: Eisbergsalat.
Der ist unglaublich langweilig.
Bitte gerne nehmen:
Salatmix.
Frisch gewaschen
und am besten frisch
aus dem Garten.
Oder aus der Tüte.

Jetzt kommen die Nektarinen
zum Einsatz. Gut, wenn sie nicht
komplett ausgekühlt sind.
Andererseits bekommen
sie noch ein wenig Hitze
vom Fleisch.
Also: Alles bestens!

Für den Crunch, also das besondere
Biss- und Geschmackserlebnis,
legen wir jetzt mit den Fingern
oder der Pinzette die Minzblättchen
aufs Obstbett.

Nun wird es asiatisch.
Klaus zaubert doch
tatsächlich noch ein
paar Sprossen auf die
Obstscheiben. Warum?
Weil er es kann. Und es
erstaunlich exotisch und
gut schmeckt.

Jetzt zaubert er sogar
noch Sriracha Mayo,
die irgendwie süß, aber
irgendwie auch ein
bisschen scharf und
herrlich orange ist, aus
dem Hut.

Deckel drauf und fertig. War 'ne
schwere Geburt? Ach, was! War
vor allem mal etwas ganz anderes.
Und so schmeckt es auch.
Ciao Fast Food.
Hallo Premium-Burger.

SCHWARZE BOHNEN
DINKEL
GURKE
FLEISCHTOMATEN
PICKLES (S. 30)
EI
LOLLO
SALZ & PFEFFER
AVOCADO
BURGER BUNS
QUINOA
MAYO
PANKOMEHL
SALAT

Veggie-Burger, das klingt ja erst mal nach viel Grün und wenig Spaß. Wer aber weiß, dass unser Buch WIR GRILLEN GRÜN das meistverkaufte aus unserer Reihe ist, der ahnt: Es geht auch ganz anders. Und während die Fleischindustrie immer noch versucht, Veggie-Pattys herzustellen, die wahlweise nach Rind oder Geflügel schmecken, ohne genau das zu beinhalten, machen wir es lieber ganz anders und zeigen dir, wie du einen ganz eigenen Patty herstellst. Der vor allem eins tut: schmecken. Und ganz nebenbei sowas von grün und vegetarisch ist, dass es richtig viel Spaß macht.

Valeria Veggie-Burger

Wir starten mit dem Kleinschneiden einer Avocado. Die kann ruhig schon sehr reif sein, weil aus ihr eher eine Avocadocreme entsteht. Also: Messer schnappen, loslegen.

Es darf Ei in der Creme sein? Dann einfach Mayonnaise zu der klein geschnittenen Avocado geben. Alternative gesucht? Dann schau dir die Aioli ohne Ei in unserem Buch WIR GRILLEN GRÜN an.

Salz und Pfeffer dazu und dann kräftig umrühren.

Wenn dir unser Rezept mit den Pickles gut gefallen hat, dann kannst du gut und gerne auch noch etwas Flüssigkeit davon hinzufügen. Das Rezept findest du auf Seite 30.

Jetzt heißt es: Dosen öffnen. Eine mit schwarzen Bohnen, eine mit Quinoa und eine mit Dinkel, alles vorgegart, versteht sich. Ab damit in eine große Schüssel.

Salz und Pfeffer dürfen natürlich auch hier – mutig verteilt – nicht fehlen. Und ein Ei, damit sich das Ganze gut miteinander verbindet.

Und jetzt heißt es: rühren und mixen. Das funktioniert am besten mit einem Standmixer. Also den nehmen und vorsichtig, aber mit Nachdruck durch die Masse pflügen lassen.

Sieht jetzt nicht so wirklich nach Hackfleisch aus? Soll es auch nicht. Weil wir nicht Fleisch kopieren, sondern eine echte Alternative brutzeln wollen. Achtung: Die Masse nun abschmecken und bei Bedarf nachwürzen.

Damit dein Patty auch einen echten Crunch entwickelt, empfiehlt Klaus die Beigabe von Pankomehl. Und da wir welches im Schrank hatten, das auch noch Cornflakes beinhaltete, hat er das genommen. Das knuspert und kracht tatsächlich noch etwas mehr.

Alles vorsichtig mit einem Esslöffel vermengen. Fertig ist deine Patty-Masse.

Zu einem richtigen Burger gehört auch eine ausgewachsene Tomate. Wir kaufen dafür immer Fleischtomaten, mindestens tennisballgroß. So kannst du mit einer Tomatenscheibe den ganzen Patty belegen.

Gurken gibt es bei uns meistens aus dem Glas. Das müssen nicht extra Burger-Gurken sein, aber eingelegt schmecken sie doch am besten. Hier aber nutzen wir frische Gurken für einen frischen Burger.

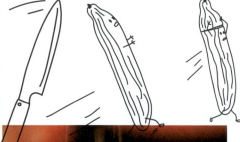

Auf eine Tomate gehört IMMER Salz. Und Pfeffer. Ohne Ausrede. Ohne WENN, ohne ABER.

So schön sieht die Avocadocreme aus, die gleich endlich zum Einsatz kommt.

Richtig gut ist es, wenn du einen Portionierring zur Stelle hast. Den stellst du auf ein Backpapier und befüllst ihn daumendick mit deiner Patty-Masse.

Den Ring vorsichtig abziehen und NOCH vorsichtiger mit dem Löffel am Rand nacharbeiten.

Jetzt noch ein wenig Panko-Cornflakes-Mehl draufstreuen und dann können wir endlich mit der Grillerei beginnen. Wird aber auch Zeit.

Du wirst erstaunt sein, wie gut sich deine vegetarischen Pattys grillen und wenden lassen. Aber sei dennoch vorsichtig und nutz besser eine Grillpalette als eine Grillzange.

Natürlich verhält sich ein Veggie-Patty anders als ein Fleisch-Patty. Aber das muss ja nichts heißen. Schön braun und kross wird er auch, braucht aber zwischendurch noch ein wenig mehr Olivenöl auf der Plancha, um nicht auszutrocknen.

Zeit, schon mal die Buns auf den Grill zu legen. Du weißt längst: Wir würden dir empfehlen, sie erst über das Butterrad zu ziehen. Es geht aber auch, wenn du sie genau dahin legst, wo eben noch ein Patty gebrutzelt hat.

97

FERTIG!

Jetzt kannst du anrichten. Dafür den Patty am besten auf ein Stück Haushaltspapier legen und mit dem Bun-Boden starten.

Lange versprochen, jetzt endlich gehalten: Die Avocadocreme kommt zum Einsatz. Pfeif auf Ketchup, Burgersoße und Mayo: Hier braucht es nur Avocado.

Salat darf natürlich nicht fehlen. Klaus kauft gerne so eine Zupfsalatmischung, Tobias gerne Eichblattsalat. Und du? Fehlen nur noch: Tomate, Gurke, Pickles, Avocadocreme und Bun-Deckel.

Du kannst zum schwedischen Möbelhaus gehen, dir eine Wurst in ein Brötchen legen, ein paar müde Gurkenscheiben drauffallen lassen, die Tristesse mit Senf, Ketchup und Remoulade ertränken und dann feststellen: Es schmeckt nicht. Macht nicht einmal satt. Hier also kommt nun die Klaus'sche Alternative. Mit nur wenigen Zutaten, mit einer Soße, die man ein wenig suchen muss, ehe es losgehen kann. Dafür weißt du am Ende aber: Hach, Hotdogs sind doch sehr lecker. Und machen sogar satt. Wenn du genügend davon isst.

- ☑ BOCKWÜRSTCHEN
- ☑ HOTDOG BUNS
- ☑ CHEDDAR
- ☑ JOPPIE-SOSSE
- ☑ JALAPEÑOS UND/ODER BURGERGURKEN
- ☑ BOLOGNESE

HERBERT HOTDOG

Eine Bockwurst auf dem Rost? Wer macht denn sowas? Wir! Wer sagt denn, dass eine Bockwurst in heißes Wasser gehört? Wir wollen ja grillen, nicht kochen.

WICHTIG:
Grill deine Bockwurst bitte, bitte nicht so heiß wie deine Bratwurst. Sonst platzt sie nur auf. Also: mit indirekter Hitze und viel Geduld arbeiten.

Du hast jede Menge Zeit, deine Wurst brütet und brutzelt ja noch vor sich hin. Also schnapp dir deine Hotdog Buns, schneid sie vorsichtig mit einem Brotmesser auf und füll sie mit VIEL Cheddarkäse.

VIEL haben wir gesagt! Also sei nicht so geizig. Und lass es in deinem Bun mal so richtig käsig krachen.

SO ist schon viel besser. Und jetzt auch damit ab auf den Grill, damit aus eher harten Käsestreuseln eine weiche Käsemasse wird.

Zuklappen, auch mal wenden und aufpassen, dass das Brötchen nicht zu kross und damit zu hart wird. Also besser am Grill stehen bleiben und immer mal wieder mit Finger und Zeigefinger prüfen.

Auch hier bietet sich die Grillpinzette an, mit der du dir die Wurst leicht schnappen und sie filigran auf den Käse ins Brötchen setzen kannst. Wenn du uns fragst, hat die Grillzange längst ausgedient.

Hä? Woher kommt denn jetzt die Bolognese? Klaus hat sie mal eben aus dem Ärmel gezaubert. Und was Klaus kann, kannst du auch. Also nicht meckern, sondern nachmachen. Es lohnt sich!

Kommen wir zur Soße: Die muss aus den Niederlanden kommen und eine echte Joppie-Soße sein. In ihr finden sich: Mayonnaise, Zwiebel und Curry. Du findest sie nicht nur in den Niederlanden. Sondern eigentlich überall.

Du magst es scharf? Dann setz noch ein paar Jalapeños aus dem Glas darauf. Du magst es eher mild? Dann entscheide dich einfach für Burgergurken aus dem Glas.

Fehlt nur noch: noch mehr Käse. Dann ist alles fertig. Und einmal mehr weißt du: Hotdogs isst man nicht beim schwedischen Möbelhaus, sondern selbst gegrillt.

STEFAN SCHOKO-BURGER

Ja, seid ihr deppert? Würde wohl ein per se ewig granteliger Wiener sagen, wenn er von einem Schoko-Burger liest. Ein Burger sollte doch, bittschön, deftig sein, net süß. Wir nicken. Weil du einem Wiener seine schlechte Laune eh nicht schönreden kannst. Und wissen doch: wenn er wüsste. Prächtig schmeckt dieser deftig-süße Mix. Überraschend und verlockend zugleich. Und da wir nun mal keine Sachertorte auf einen Rindfleisch-Patty drücken wollen, tut es auch eine bekannte, quadratisch-praktisch-gute Marzipan-Schokolade. Klingt alles andere als nach Wien? Stimmt. Und schmeckt viel besser.

MARZIPAN-SCHOKOLADE
RINDERHACK
BACON
AHORNSIRUP
BRIOCHE BUNS
FRISCHKÄSE
ORANGENMARMELADE
GEHOBELTE MANDELN
GEHACKTE PISTAZIEN

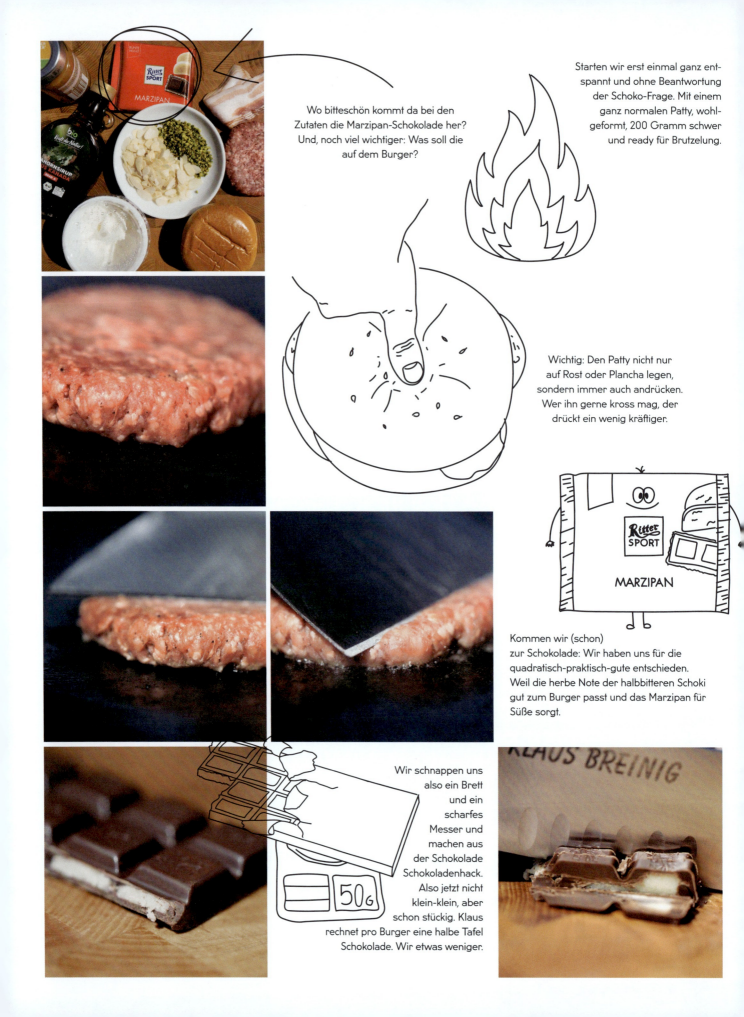

Wo bitteschön kommt da bei den Zutaten die Marzipan-Schokolade her? Und, noch viel wichtiger: Was soll die auf dem Burger?

Starten wir erst einmal ganz entspannt und ohne Beantwortung der Schoko-Frage. Mit einem ganz normalen Patty, wohlgeformt, 200 Gramm schwer und ready für Brutzelung.

Wichtig: Den Patty nicht nur auf Rost oder Plancha legen, sondern immer auch andrücken. Wer ihn gerne kross mag, der drückt ein wenig kräftiger.

Kommen wir (schon) zur Schokolade: Wir haben uns für die quadratisch-praktisch-gute entschieden. Weil die herbe Note der halbbitteren Schoki gut zum Burger passt und das Marzipan für Süße sorgt.

Wir schnappen uns also ein Brett und ein scharfes Messer und machen aus der Schokolade Schokoladenhack. Also jetzt nicht klein-klein, aber schon stückig. Klaus rechnet pro Burger eine halbe Tafel Schokolade. Wir etwas weniger.

BITTE WENDEN

Kurzer Blick auf den Grill: Die Patty-Unterseite dürfte jetzt gut und braun sein. Also die Grillpalette schnappen und ein Mal wenden, bitte.

Wer Klaus kennt, weiß, dass er an Bacon nicht vorbeilaufen kann. Und Burger ohne Bacon? Geht für ihn eigentlich sowieso nicht. Also Bacon mit auf den Grill legen; mindestens zwei Streifen pro Burger.

So schön braun sollte der Bacon sein. Also nicht zu braun oder gar schwarz, sondern so, dass er sich am Rand braun kräuselt. Ganz nebenbei: So ist er auch am gesündesten, wenn man davon bei Bacon überhaupt sprechen darf.

Stichwort Süße: Gib noch etwas Ahornsirup auf deinen Bacon. So wird er schön glasiert. Und vor allem:

SUPERLECKER!

Damit beide, Patty und Bacon, gut durchziehen, setzen wir sie aufeinander und in den indirekten Hitzebereich deines Grills. So sind sie vor zu viel Hitze sicher.

Jetzt kommt die Schokolade auf den Bacon. Wie du siehst, gar nicht mal so wenig. Und wie du auch siehst: macht sich ganz schön gut auf deinem Burger.

Das Ganze wärmt und brütet jetzt noch in deinem Grill vor sich hin, Schokolade und Marzipan schmilzen – und du kannst dich um die Buns kümmern. Hier passen am besten Brioche Buns, ganz gleich ob selbst gemacht oder selbst gekauft.

Hier hat Klaus ausnahmensweise mal auf das vorherige Rösten des Buns verzichtet. Weil es ruhig sehr weich sein darf. Aber entscheide du. Geröstet geht natürlich auch.

Jetzt wird es doch sehr exotisch – und wir lieben es. Auf deinen Burger kommen Frischkäse, Orangenmarmelade und gehobelte Mandeln. Klingt verrückt? Schmeckt verrückt.

Fehlen noch, um die Verwirrung perfekt zu machen, gehackte Pistazien, die du auf dein Bun-Oberteil gibst, auf das auch schon Frischkäse und Mamelade gestrichen wurden.

So sehen Patty, Bacon und Schmelzschokolade genau richtig aus. Also runter vom Grill und rauf auf die Bun-Unterseite mit all den ungewohnten Dingen? Nein, erst einmal rauf mit der Bun-Unterseite auf den Grill!

Jetzt weißt du, warum Klaus das Bun erst einmal ungegrillt benutzt hat. Die Wärme kommt spät – aber sie kommt.

Leg jetzt auch die zweite Bun-Hälfte mit auf den Grill und pass auf, dass sie nicht zu viel Hitze von unten abbekommen.

Der Großteil ist geschafft. Jetzt nur noch vorsichtig alles vom Grill nehmen und mit dem Stapeln beginnen.

Wir wissen, dass das alles sehr ungewöhnlich klingt und ausschaut. Wir wissen auch, dass all das sehr ungewöhnlich mundet. Also:

NUR MUT!

Immer, wenn Klaus einen Burger fertig hat, drückt er ihn – fast liebevoll – von oben noch etwas zusammen. So hält alles etwas besser und lässt sich leichter essen. Wir nehmen einfach 'nen Holzspieß. Aber das wäre Klaus zu einfach.

FÜR DEN GURKENSALAT:
SALATGURKE, DILL, SALZ & PFEFFER, KÖRNIGER SENF, APFELESSIG, OLIVENÖL, ZUCKER

FÜR DIE BURGERCREME:
GEWÜRZGURKEN + GURKENWASSER, ROTE ZWIEBELN, MAYO, KÖRNIGER SENF, SALZ & PFEFFER, SCHNITTLAUCH

AUSSERDEM:
KABELJAUFILETS (LOIN), BURGER BUNS, KOPFSALAT, PFEFFER, OLIVENÖL, KRESSE

KIARA KABELJAU-BURGER

Bei Burger mit Fisch denken die meisten Menschen entweder an Lachs (langweilig) oder an frittierten Fisch (noch langweiliger). Kabeljau aber findet sich nur selten zwischen zwei Burgerbrötchenhälften wieder. Was man verpasst, wenn man das noch nie ausprobiert hat, zeigt uns Klaus mit diesem sehr, sehr leckeren Burger. Er wäre tatsächlich noch leckererererer, wenn wir Winterkabeljau bekommen hätten. Ist zwar der gleiche Fisch, aber eben zu einer anderen Fang- und Jahreszeit. Solltest du Glück haben und ihn zwischen Januar und April bekommen, dann kauf auf jeden Fall ihn. Wenn nicht: Nicht traurig sein, auch von Mai bis September schmeckt er ganz wunderbar. Vor allem als Burger.

Klaus hat unseren Gemüse-
hobel anfangs etwas belächelt.
Dann aber war er von seiner
Schärfe sehr überrascht.
Wenn du so einen noch
nicht hast: Direkt bestellen.
Denn er macht glück-
lich. Und nebenbei
wunderbar dünne
Gurkenscheiben.

Erst aber kurz die Enden deiner
Salatgurke abschneiden. Dann direkt
mit dem Gurkenhobeln beginnen –
und aufpassen, dass es kein Finger-
hobeln wird!

Zu einem echten Kabeljau-Gericht
gehört auch immer Dill – ist sich
Klaus sicher. Wir sehen das genauso
und fangen jetzt direkt an, Dill vom
Stängel zu zupfen.

Klein geschnitten wandert
der Dill direkt zu den Gurken.
Wie viel es sein sollte? Kommt auf
deinen Dillhunger, deine
Liebe zum Dill an.

Was noch fehlt, ist die Würze in deinem Gurkensalat. Da trifft es sich gut, dass deine Freunde Salz und Pfeffer gerade vorbeikommen. Schüttel sie ein wenig – und schon wird der Salat würziger.

Auch eine kleine Messerspitze Senf darf nicht fehlen. Wobei Klaus hier irgendwie nicht zum Messer, sondern zum Löffel gegriffen hat und ihn sogar auch noch falsch herum hält. Ach, egal. Hauptsache, du nimmst körnigen Senf, damit es richtig gut schmeckt.

Es fehlt natürlich auch noch: die Säure. Wir greifen hier zum Apfelessig. Der arbeitet nur mit einer zarten Essignote. Das mögen wir. Sehr.

Olivenöl braucht es eigentlich immer, wenn Klaus kocht oder grillt. So auch hier. Aber erstaunlicherweise nicht wie sonst einen ganzen Liter, sondern nur einen kleinen Schuss.

Nun schön vorsichtig umrühren. Das heißt: ein wenig mit dem großen Löffel umschichten, damit sich Öl, Essig, Senf und all die anderen Zutaten gut miteinander vermischen, ohne dass die dünnen Gurkenscheiben darunter leiden.

Weiter geht es mit der Creme für den Burger. Was sind das jetzt? Minigurken? Cornichons? Gewürzgurken? Klaus wüsste es, wir nicht. Also kauf einfach kleine Gewürzgurken im Glas, ganz gleich, wie sie nun heißen.

Aus den Gurken kleine Gurkenwürfel schneiden und ein paar davon direkt zu den großen Gurken im Salat geben. Den Großteil aber für unsere Creme nutzen.

In seinem rheinischen Dialekt würde Klaus sagen: Ein Zwiebelschen darf nie fehlen. Und so ist es auch hier. Messer wetzen, Zwiebel schneiden, würfeln und ab damit in die Schüssel.

Für die Cremischkeit, wie Klaus sagen würde, braucht es nun noch Mayonnaise. Nicht wenig. Nicht mittelviel. Nicht sehr viel. Sondern noch ein wenig mehr. Also drück auf die Tube!

Und nun folgt das geschmackliche i-Tüpfelchen, also die sprichwörtliche Kirsche auf der Sahne: ein Esslöffel Gurkenwasser. Klingt erst gewöhnungsbedürftig, ist aber unerlässlich. Und vor allem: sehr lecker.

Zu guter Letzt dann noch körniger Senf einen ganzen Esslöffel voll. Damit wir fast alles beisammen haben: Schärfe und Säure.

Ganz am Ende noch mit Salz und Pfeffer abschmecken, umrühren, stehen und ziehen lassen.

Schnittlauch wäre auch noch passend für die Creme. Der ist schnell geschnitten und verschwindet beim Verrühren flott in der Masse.

Jetzt kommt noch etwas Zucker an den Gurkensalat – für sie Süße, die wir so lieben. Umrühren. Fertig.

Für unseren Kabeljau-Burger wie von der Küste brauchen wir auch noch frischen Salat. Du könntest also zum Messer greifen und den Salat in Stücke schneiden. Klaus nutzt dazu seine kräftigen Finger und reißt tatsächlich aus dem Salatboden die jungen Blätter direkt heraus.

Um diese kleinen Salatblättchen geht es – die passen am besten zu Fisch und Burger.

Und sie finden sich nun mal in der Mitte des Salatkopfes.

Wenden wir uns dem Kabeljau zu. Dabei hat Klaus sich nicht für eine Flanke, sondern für das Filet, also das sogenannte Loin entschieden. Das ist quasi grätenfrei und lässt sich sehr einfach grillen.

Mit dem scharfen Messer schneidet Klaus gut sieben Zentimeter große Stücke vom Filet herunter.

Wenn du nicht zu geizig warst, sehen deine Fischstücke so schön wie diese hier aus.

Beim Kauf stellt sich schon die Frage: Mit Haut oder ohne? Wir haben uns für beides entschieden, also das Filet mit Haut gekauft, ehe wir es kurz vor dem Anrichten vom gegrillten Fleisch wieder entfernt haben. Reine Geschmackssache!

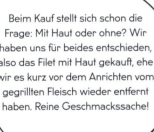

Bevor die Kabeljaustücke auf dem Grill landen, würzen wir sie kräftig mit Pfeffer – und vergessen tatsächlich mal das Salz, wer hätte das gedacht.

Für das Fischgrillen muss deine Plancha sehr, sehr heiß sein. Also heiz ihr ordentlich ein, ehe du etwas Olivenöl auf sie gibst.

Wenn du das Abenteuer magst, dann leg den Fisch auch mit der Hand auf die Plancha. Wenn du deine Fingerkuppen ungern gegrillt siehst, dann greif vielleicht doch besser zur Grillzange oder -palette.

Damit der Kabeljau durch die viele Hitze nicht viel zu trocken wird, einfach links und rechts neben ihn etwas Öl gießen – aber bitte nicht übertreiben.

Natürlich ist es verlockend, den Fisch schnell umzudrehen und mal so zu schauen, wie weit er denn ist. Aber er grillt ja auf der Haut, das braucht ein wenig. Also besser geduldig sein und später als gedacht vorsichtig unter ein Stück schauen.

Wenn du dich für den Kauf ohne Haut entschieden hast, kannst du ruhig etwas ungeduldiger sein. Einfacher zu grillen ist er dann aber nicht.

Jetzt den Deckel deines Grills schnell wieder schließen, damit die Hitze nicht nur von unten, sondern von allen Seiten kommt.

Deine Buns können auch ein wenig Hitze vertragen. Also auf eine freie Fläche etwas Olivenöl geben und auch sie vorsichtig braun grillen. Hier aber bitte viel früher mal drunterschauen!

Wenn dein Kabeljau so aussieht, ist er genau richtig und vor allem schön saftig und nicht zu trocken. Es darf also angerichtet werden.

Und das geht so: Creme auf das Bun, dann den Salat, den Fisch, Gurkensalat, noch mal Creme, ein wenig Kresse, Bun und fertig. Jede Wette: Du gehst nie wieder in einen Fischimbiss!

Klaus spricht ja gerne in seinem kölschen Dialekt, den er trotz etlicher Jahre im Kasseler Exil nicht abgelegt hat, von Feuschtischkeit oder – hier noch besser – von: Fruchtischkeit. Wenn ein Burger je dieses Attribut für sich in Anspruch nehmen konnte, dann nämlich dieser. Frei nach dem Motto „Besser hoch stapeln als tief sinken" hat Klaus dann gleich einen doppelten Ananas-Burger gezaubert. Heißt: Kiefer aushaken, den Mund seeeeehr weit öffnen, reinbeißen und sich dabei ein wenig zusauen mit all der Soße und Feuschtischkeit, die plötzlich aus allen Seiten des Burgers schwappt. Zu guter Letzt einfach nur genießen. Kleiner Tipp: Der Burger funktioniert natürlich auch mit Dosen-Ananas. Großer Tipp: Mit frischer Ananas funktioniert (und schmeckt!) er viel besser.

ANASTASIA ANANAS-BURGER

RINDERHACK
KOCHSCHINKEN, SALATHERZEN
ANANAS, BURGER BUNS
SAURE SAHNE, CURRYPULVER
SALZ & PFEFFER

Na, das sind doch mal überschaubar viele Zutaten. Und der Frevel könnte gar auf die Idee kommen, die frische Ananas gegen eine aus der Dose auszutauschen. Nur so viel: Untersteh dich!

Wir starten also mit der FRISCHEN Ananas. Und trennen ihr erst einmal den Kopf ab.

Für das richtige Schneiden sei

BITTE BITTE

vorsichtig. Dein Messer muss sehr scharf sein. Also pass besonders gut auf, dass du nicht abrutscht.

Die Schale nach und nach abschneiden und die Ananas dabei immer mit der anderen Hand auf das Brett drücken. So bist du sicher unterwegs.

Viele stellen sich die Frage, wie viel sie denn von der Schale abtrennen sollen. Wenn du magst, dann schneid so viel ab, dass wirklich nichts mehr von ihr, kein winziger Pickel zu sehen ist. Aber sein muss das nicht.

Dann die Ananas in dünne, also wirklich sehr dünne Scheiben schneiden.

Da die Ananas über einen harten Strunk verfügt, musst du den auch noch raustrennen. Es kann sein, dass du jetzt denkst, dass das mit einer Annanas aus der Dose alles viel einfacher wäre. Aber eigentlich kann das doch nicht sein, dass das sein kann.

Jetzt aber ran an den Grill. Am besten mit einer 50:50-Aufteilung zwischen direkter und indirekter Hitze. Wenn alles gut vorgeheizt ist, können deine Pattys auf den Grill. Und denk dran:

2x PATTY = 1x BURGER

Die Kunst beim Burger ist, abwarten zu können. Die hohe Kunst ist, dein Patty nur ein einziges Mal zu wenden. Also lass dir Zeit, schau mal ganz kurz drunter und freu dich, wenn das mit dem einmaligen Wenden wirklich klappt.

Während deine Pattys also geduldig brutzeln, kannst du dich der Soße widmen. Auch die kommt nicht aus dem Supermarktregal, sondern von dir. Also starte mit einem ordentlich Löffel Saurer Sahne.

Und weil dein Ananas-Burger ja auch etwas exotisch schmecken soll, gib Curry dazu. Nicht ein bisschen, nicht so geht so, sondern richtig

VIEL!

Nicht fehlen dürfen natürlich deine Kumpels Salz und Pfeffer. Die ordentlich mahlen, damit deine Soße nicht nach nichts schmeckt.

Kurzer Blick zu den Pattys: Scheint alles gut auszusehen. Also ab damit in den indirekten Bereich deines Grills, damit sie noch ein wenig nachgaren können.

Jetzt deine Soße kräftig verrühren. Jeder normale Mensch nimmt dazu einen kleinen Schneebesen. Klaus aber greift zum Löffel. Entscheide du, was du bist: Mensch oder Klaus.

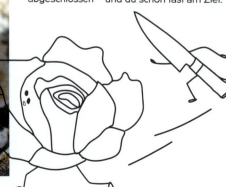

Jetzt nur noch den Salat in kleine Stücke schneiden. Dann sind deine Vorbereitungen abgeschlossen – und du schon fast am Ziel.

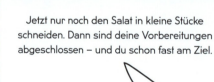

Deine Pattys sind fertig. Jetzt noch die Buns – wenn notwendig – aufschneiden und nicht darüber wundern, dass unsere schwarz sind. Black is beautiful, ist hier die Erklärung.

Selbstverständlich wollen und müssen die Ananasscheiben auch gegrillt werden. Wobei hier Black natürlich nicht beautiful ist. Sondern wir ihnen eine wunderbare Bräune auf die Haut zaubern.

Und schon wird angerichtet, sprich: gestapelt. Dabei bitte den Schinken und die Soße nicht vergessen. Selbst wenn deine Gäste abwehrend die Hand heben: Auf diesen Burger gehören zwei Ananasscheiben und zwei Pattys. Punkt.

2x

Wir wissen gar nicht so genau, ob der McDonald's-Rechtsanwalt gerade zum Hörer greift, das Abmahnformular aus der Schublade zieht und/oder schon die juristischen Messer wetzt. Aber was soll's. Neid muss man sich erarbeiten. Das hier ist also *eine Art* Big Mac, aber nur viel leckerer als der der bekannten Fast-Food-Kette (zack, da ist er wieder, der Ärger). Es ist doch so: Selbst gemacht ist immer leckerer. Und selbst gegrillt noch viel leckerererer. Also am Sonntagnachmittag, dann, wenn sich die meisten Leute bei der bekannten Fast-Food-Kette mit dem goldenen M drängeln, selbst den Grill anwerfen und etwas zaubern, das irgendwie, ganz entfernt, juristisch nicht antastbar, weder nach McDonald's aussieht, noch danach schmeckt – und bei uns deshalb BigMäääg heißt.

ROTE ZWIEBELN, OLIVENÖL
RINDERHACK, SALZ & PFEFFER
BACON, KÄSE, BURGER BUNS
MIRACEL WHIP, EISBERGSALAT
BURGERGURKEN ODER
PEPERONI, SOSSE DEINER WAHL

Wir starten mit dem tränenreichen Job des Zwiebelringeschneidens. Dabei muss Klaus wirklich nie weinen. Warum auch immer. Das Geheimnis? Hat er uns nie verraten.

Das Schöne beim Burgergrillen ist, dass wir uns nicht lange mit Vorbereitungen aufhalten müssen. Also bitte direkt die Systeme hochfahren, den Grill zünden. Wir nutzen hier wieder mal den Speckstein. Weil er perfekt für Pattys ist.

Ein bisschen Öl auf den Speckstein geben, mit einem Stück Küchenpapier vorsichtig verteilen und darauf warten, dass es kleinste Blasen wirft. Erst dann solltest du deine Pattys auf den Speckstein legen.

Für den BigMäääg nutzt Klaus ganz normale Rinder-Pattys.

120 GRAMM

schwer, ungewürzt, einfach so. Also: Halt dich nicht lange mit Schnickschnack auf, sondern mach es genauso. Das reicht vollkommen.

Jetzt weißt du, warum sich das Weinen gelohnt hat. Die Zwiebelringe kommen direkt auf den Patty. Und ja, beim Burger-Riesen mit dem goldenen M sind das viel weniger. Der muss sparen. Du kannst aus dem Vollen schöpfen.

Wenn ein paar Zwiebelringe daneben fallen, ist das nicht tragisch. Einfach grillen und nachher vorsichtig mit der Pinzette auf das Fleisch heben.

Jetzt kommt die große Würzerei. Also die Pfeffermühle schnappen und sie nicht nur zaghaft, sondern mutig und kräftig drehen. Dein Burger soll ja kraftvoll schmecken.

Ein Smashed-Burger soll es nicht werden – aber ein wenig Druck von oben kann er dennoch gebrauchen. Klaus macht das mit zwei Paletten. Hast du nur eine, geht das aber auch.

Sind auf dem BigMäääg eigentlich auch Bacon-Streifen? Wir sagen: Nein. Klaus sagt: Ja. Was aber auf jeden Fall stimmt: Wenn sie nicht drauf sind, hat sie jemand vergessen. Also ab damit auf den Grill.

Bei Bacon bitte IMMER dran denken: Nicht schwarz grillen. Nicht mal dunkelbraun. Ein bisschen braun und kross reicht voll und ganz. Ist gesünder, schmeckt besser.

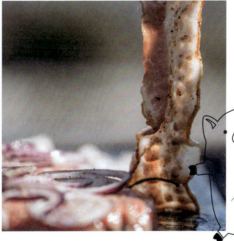

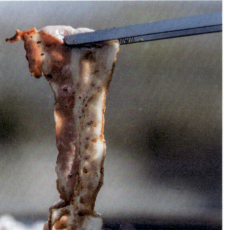

So sieht dein Bacon schon genau richtig aus. Und lass dich von deinen Gästen nicht bequatschen, dein Schwein muss nicht zwei Mal – ein Mal beim Schlachter, ein Mal auf deinem Grill – sterben.

Wohl dem, der unseren Zubehörtipp von ganz am Anfang dieses Buches beherzigt hat und jetzt zur Grillpinzette greift. Auch zum Platzieren des Bacons auf den Pattys ist sie perfekt.

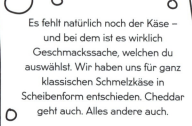

Es fehlt natürlich noch der Käse – und bei dem ist es wirklich Geschmackssache, welchen du auswählst. Wir haben uns für ganz klassischen Schmelzkäse in Scheibenform entschieden. Cheddar geht auch. Alles andere auch.

Wenn sich an der Seite deines Burgers, direkt unter dem Patty, kleine Blasen bilden, dann ist alles in bester Ordnung. Wenn du magst, dann heb dein Patty ganz leicht mit der Palette an. Wenn es schon gut aussieht, ab in den indirekten Hitzebereich deines Grills.

Beim Burgergrillen immer wichtig: Nie zu ungeduldig sein. Immer den Deckel deines Grills schließen. Und wenn du es perfekt machen willst, dann stülpe Galoschen über jedes einzelne Patty und spritz etwas Wasser unter die Galoschen, damit heißer Wasserdampf entsteht.

Jetzt können wir schon die Buns aufschneiden. In unserem Fall sind die direkt aus Berlin per DHL eingeflogen. In deinem Fall vielleicht selbst gebacken, vielleicht selbst um die Ecke eingekauft. Schmecken tut beides, auch hier entscheidest du.

Burger Buns gehören auf den Grill. Am besten auf den Rost und dahin, wo es nicht zu warm ist, damit sie nicht verbrennen. Und nicht zu kalt ist, damit sie nicht blass bleiben.

Als Grundlage für den unteren Teil des Buns nimmt Klaus tatsächlich MiracelWhip. Ob die das bei McDonald's auch so machen? Eher nicht. Schön wäre es, wenn sie das hier lesen und ihr Rezept ändern würden.

Dann fehlt noch etwas Salat. Bei der Burgerkette natürlich günstiger, nach nicht viel schmeckender Eisbergsalat. Wir machen es genauso. Schließich ist der Patty und nicht der Salat König.

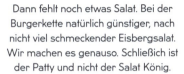

Jetzt heißt es: Stapeln. Immer daran denken: Der BigMäääg ist doppellagig, braucht eigentlich keine echte Soße und wer mag, legt noch ein paar winzige Gurken oder – wie Klaus – Peperoni drauf. Mehr aber bitte nicht.

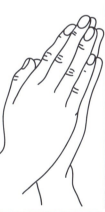

Zwischen die beiden Pattys gehört wieder etwas Salat, aber keine Soße.

Gaaaaaanz oben kommt dann ein Schuss Burgersoße drauf. Mittlerweile kann man sogar die echte McDonald's-Soße kaufen. Wir haben eine andere genommen – wähl du die, die dir schnmeckt.

Sieht nicht aus wie im Schnellrestaurant. Schmeckt nicht wie im Schnellrestaurant. Sondern doppelt besser. Mindestens.

CLÉMENT BUCROISSANTRGUER

Ja, wir haben uns – genau wie du – verwundert am Kinn, dann am nicht mehr so wirklich vorhandenen Haaransatz gekratzt. Croissants und Preiselbeer-Marmelade – das ist okay fürs Frühstück. Aber hier nun ernsthaft mit Camembert und mit Schweinehack? Ja. Sagt Klaus und grillt gelassen weiter. Zaubert auf die Croissants eine braune, krosse Knusperschicht und dreht nebenbei die Pattys um. Am Ende dann: Aaaah! Und Ooooh! Schmeckt nicht unbedingt zum Frühstück. Dafür abends umso besser. So, als gäbe es kein Morgen mehr.

CROISSANTS, BUTTER
SCHWEINEHACK, SALZ & PFEFFER
CAMEMBERT, PETERSILIE
OLIVENÖL, PREISELBEER-MARMELADE
SALATHERZEN

Bei diesem Gericht kannst du es dir einfach oder kompliziert machen. Je nachdem, ob du die Croissants selber backst oder sie kaufst. Wir hätten da ein wunderbares Croissant-Rezept für dich, aber das verraten wir dir erst im Buch WIR BACKEN*.

*Kleiner Scherz: Das Buch gibt's (noch) nicht.

Wir haben uns dann doch für die Kaufvariante entschieden und legen mit den Buns, äh, den Croissants los. Also: Durchschneiden und ab damit aufs Hamsterrad. Butter kann ein Croissant ja nie genug bekommen.

Auch beim Croissant gilt: Auf dem Rost lässt es sich nicht wirklich gut grillen. Eine durchgängige Fläche wie bei einer Plancha ist da schon deutlich besser geeignet.

Wir haben uns bei diesem Gericht wieder für den OFYR entschieden. Weil es einfach am schönsten ist, beim Grillen direkt ins Feuer zu schauen. Klappt aber auch auf jedem anderen Grill.

Klaus entscheidet sich hier für Schweinehack – des Fettgehaltes wegen. Aber Rind geht natürlich auch. Mach einfach, was dir schmeckt.

Auch hier ist alles eine Frage des Drucks. Am besten formst du für diesen Burger ein längliches Stück Hack, das später gut ins Croissant passt. Und dann ein Mal mit der Hand, ein Mal mit der Grillpalette leicht andrücken.

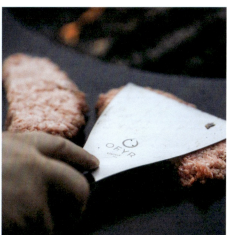

Apropos Schweinefleisch: Das kann beim Hack immer etwas Gewürz vertragen. Also schnell die Pfeffermühle schwingen und das Fleisch würzen – und direkt danach zur Salzmühle greifen.

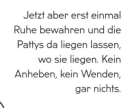

Jetzt aber erst einmal Ruhe bewahren und die Pattys da liegen lassen, wo sie liegen. Kein Anheben, kein Wenden, gar nichts.

So bleibt uns genug Zeit, um uns um den Käse zu kümmern. Klaus greift beherzt zum Messer und hobelt vom Camembertstück ein paar Scheiben herunter.

Nun folgt etwas, das wir noch nie gemacht haben: Petersilie grillen. Was auf den ersten Blick verwundert, sorgt für wunderbaren Crunch im Burger. Einfach mal ausprobieren!

Dazu die langen Stiele entfernen und die Petersilie direkt auf die Plancha legen. Sei vorsichtig: Hier braucht es viel Olivenöl, damit es keinen Brand gibt.

Ein Mal kräftig mit Salz würzen, dann mit zwei Paletten immer wieder zügig wenden, damit die Petersilie zwar Hitze aufnehmen kann, aber nicht anbrennt.

Nun ist es an der Zeit, die Pattys zu wenden. Auch hier besser NICHT die Grillzange, sondern eher die Grillpalette nutzen. Nur so bleibt alles heile.

Wenn du lange genug gewartet hast, sieht die Unterseite so aus wie bei uns. Jetzt weißt du genau, wie lange du warten musst, ehe die Oberseite auch so schön aussieht.

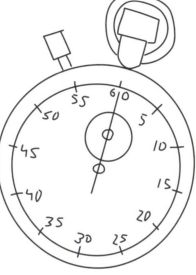

So langsam nimmt deine Petersilie auch Farbe an. Aber nicht zu lange regungslos staunen, sondern das zarte Grün immer in Bewegung halten.

Bitte Salz und Pfeffer nicht vergessen!

Kommen wir zum Käse. Wenn er schon aufs Fleisch kommen soll, dann kann er das direkt auf dem Grill tun. Also die Camembert-Scheiben behutsam auf deine Pattys legen.

Hast du zwischenzeitlich mal geschaut, was die Croissants machen? Sehr gut. Durch die viele Butter kann nicht viel passieren. Sie sollten goldbraun sein, wenn du sie vom Grill nimmst.

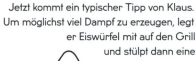

Jetzt kommt ein typischer Tipp von Klaus. Um möglichst viel Dampf zu erzeugen, legt er Eiswürfel mit auf den Grill und stülpt dann eine Burgerglocke darüber, damit die Hitze den Patty von allen Seiten umschließt.

Auch jetzt heißt es wieder: Bitte warten. Und vor allem nicht zu früh drunterschauen, weil sich der Dampf dann direkt verabschiedet.

Dein Käse sollte nicht komplett zerlaufen, sondern noch in Form sein. Nur ist er jetzt DEUTLICH weicher als vorher.

Bei der Marmelade kannst du die Sorte nehmen, die dir am besten schmeckt. Wenn du uns fragst, nimm etwas mit Preiselbeeren. Das schmeckt am allerbesten.

Es duftet jetzt ein wenig nach Frühstück an deinem Grill. Aber keine Angst, das wird ganz anders, sobald die Pattys mit ins Spiel kommen.

Hier gibt's tatsächlich mal ein ganz normales Blatt Kopfsalat. Das hält, was es selten verspricht: Es schmeckt hier richtig gut.

Auf das Salatblatt stapelst du jetzt Patty samt Käse, Marmelade und Petersilie. Et voilà!

HÄHNCHENBRUSTFILETS
RUB NACH WAHL, TOMATEN
SALZ & PFEFFER, BURGER BUNS
ALABAMA WHITE SAUCE
FRISCHER BLATTSPINAT

Der Klassiker! Sagt Klaus – und macht ihn dann doch alles andere als klassisch. Wobei du nicht vergessen darfst: Klaus liebt es, zu panieren und zu frittieren. Nur bei Burgern eben nicht. Und während die großen Fast Food-Ketten weiterhin bis zur Unkenntlichkeit gehäckseltes Hähnchenfleisch in siedend heißes Fett tauchen, legt Klaus einfach Filet für Filet auf den Grill und zaubert etwas, das zwar den gleichen Namen trägt, aber rein gar nichts mit dem Chicken-Burger zu tun hat, den der bestellt, der jegliche Selbstachtung verloren hat.

Hähnchen und Smoking? Das passt. Gerade dann, wenn wir das Chicken nicht wie bei der Fast Food-Kette um die Ecke erst klein hacken und dann noch panieren. Es geht auch deutlich eleganter.

Klaus greift ganz entspannt zu Anzündholz und nicht zu teuren Chunks. Er will schließlich keine Nebelwand, sondern nur ein leichtes Raucharoma erzeugen. Dafür reicht das Holzstück voll und ganz.

Es gibt sehr viele Arten, Hähnchen passend zu würzen. Klaus schwört auf seinen mediterranen Rub. Und das können wir gut verstehen.

So gewürzt geht es für das Hähnchenfilet nun – Achtung! – in die indirekte Zone deines Grills. Sicher, du würdest es gerne direkt und kross grillen. Aber lass dich da eines Besseren belehren.

Natürlich braucht das Hähnchen eine gute Weile, ehe da auf dem Grill, im Rauch etwas passiert. Die Zeit nutzen wir und kümmern uns um das Gemüse.

Was braucht es, um Tomatenscheiben zu schneiden, nicht zu drücken? Ein richtig scharfes Messer. Also besser noch mal nachschärfen, ehe es losgeht.

Ganz schön schwarz. Es braucht wohl schon eine Lupe, um zu erkennen, ob sich hier schon Röstaromen gebildet haben. Am besten hältst du die Nase dran, dann weißt du, ob die Buns einsatzbereit sind.

Hier greift Klaus mal zur Soße aus dem Glas. Nennt sich Alabama White Sauce, gibt es an jeder Ecke, von unterschiedlichen Herstellern. Sie passt hier perfekt.

Zum Verstreichen nimmt Klaus kein Messer, sondern die Rückseite des Löffels. Die sei eh komplett unterbewertet. Probier es einfach mal aus.

Was nun kommt, ist ungewöhnlich. Du kannst hier Feldsalat nehmen, was für 'nen Burger schon außergewöhnlich genug wäre. Klaus entscheidet sich aber – noch überraschender – für frischen Spinat. Ganz ohne Blubb.

Dein Fleisch ist fertig. Ganz ohne Flamme, ganz ohne Kruste. Glaubst du nicht? Dann guck mal genau hin.

Wie du siehst, sieht das doch unglaublich lecker aus. Und sollte dir zeigen: Nicht jedes Stück Fleisch muss den Hitzetod sterben. Gerade bei Chicken gilt: Zu viel Hitze sorgt dafür, dass dein Fleisch zu schnell zu trocken wird.

Du siehst auch: Wenn du auf indirekter Hitze grillst, verbrennt dein Gewürz nicht, sondern entfaltet seine Aromen viel besser. Wir lieben es!

Kurzer Test mit den Finger: butterweich! Fehlt nur noch ein kurzer Test mit Zunge und Gaumen. Aber bitte: nur kurz. Sonst wird's 'nen Veggie-Burger.

Vorteil der Hähnchenscheiben: Du kannst sie gut auf dem Burger platzieren und sie rutschen nicht herunter. Beim Essen später wird es etwas kniffelig. Da wäre ein großes Stück vielleicht einfacher. Entscheide einfach selbst.

Noch ein ordentlicher Schluck aus der Alabama-Soßenflasche und du hast es fast geschafft.

- ☑ Tomate
- ☑ Pfeffer
- ☑ Salz
- ☑ Bun
- ☑ Fertig

DAS ←

nennen wir mal einen echten, ausgewachsenen Chickenburger. Alles andere ist panierte Hähnchenmatsche.

Also, Burgerbude, nimm das hier:

VERRÜCKTES HUHN!

Jetzt wird es scharf. So richtig! Könnte man meinen. Aber wir wissen nun mal auch: Klaus will und kann gar nicht so richtig scharf. Was bei diesem Chorizo-Burger auch nicht weiter schlimm ist, weil es die Würste in normal (mildscharf) und mit Peperoni (sehr scharf) gibt. Heißt: Du entscheidest. Und heißt auch: Wir haben die milden Würstchen genommen. Die dennoch eine leichte, wunderbare Schärfe in deinem Mund entzünden, wenn du in diesen Burger beißt. Du wunderst dich, warum wir diese rattenscharf aussehenden, roten Buns gewählt haben? Weil wir es können. Und sie den Burger noch schärfer aussehen lassen. Schmecken? Tut man davon allerdings nichts.

RINDERHACK, CHORIZO-WÜRSTCHEN, OLIVENÖL
BÄRLAUCH, SALZ & PFEFFER
BALSAMICO-ESSIG, MAYO
ROTE ZWIEBELN, TOMATEN
BURGER BUNS, FELDSALAT

CHAYENNES CHORIZO-BURGER CLIQUE

Öl auf dein Patty gießen? Das hatten wir ja noch nie. Aber wer sagt denn, das immer alles gleich bleiben muss am Grill, im Leben? Also trau dich. Und wag mal was Neues.

Hier ist noch echte Handarbeit, ach was, hier sind echte Streicheleinheiten notwendig. Klaus macht das wirklich so, er streichelt, massiert das Öl ins Fleisch. Mach es genauso.

Bei der Chorizo musst du das natürlich nicht machen. Aber da Klaus schon so ölige Finger hat, macht er einfach weiter. Er wählt übrigens die mittelscharfen, nicht die superduperscharfen Würste.

Jetzt kommt das absolute Steckenpferd von Klaus: das Smoken. Während andere Grillexperten stundenlang über die Wahl des Holzes sinnieren, nutzt Klaus einfach Anzündholz. Und erzeugt damit ganz wunderbare Ergebnisse.

Fleisch und Würstchen legen wir erst einmal auf den Grill und lassen ihn langsam hochfahren. Ja, richtig gehört, hier entfachen wir kein Riesenfeuer, sondern sind mit

Grad schon sehr zufrieden.

So haben wir Zeit und Muße, um uns um Salat und Dressing zu kümmern. Wir haben in der Bärlauch-Saison gegrillt, wohlwissend, dass es die Pflanzen nicht zu jeder Jahreszeit gibt. Hier passen sie aber besonders gut.

Klaus schaut sich jedes Blatt Bärlauch genau an, zieht die mit dunklen Stellen raus und hat so am Ende eine grüne Pracht vor sich liegen, die schon ganz wunderbar duftet.

Jetzt aber das Messer wetzen und mit der Kleinschnippelei loslegen. Und immer daran denken: Das Messer hackt nicht, es schneidet. Also schön die Klinge hin- und herbewegen.

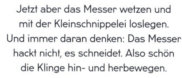

Da ist sie wieder, unsere geliebte Emaille-Rührschüssel von RIESS. Leider gibt es die nicht mehr zu kaufen. Und genau deshalb passen wir besonders gut darauf auf, dass Klaus die nicht rein zufällig mit zu seinen Sachen packt.

Was braucht es für ein ordentliches Dressing? Genau: Salz und Pfeffer. Nicht in Maßen, sondern in Massen.

Damit das Dressing auch schon kräftig wird, nutzen wir weißen Balsamico-Essig (wenig) in Kombination mit Mayonnaise (viel).

Und jetzt bitte:

RÜHREN!

Aber nicht wie wild mit dem Schneebesen, sondern vorsichtig mit einem Esslöffel.

Ruhig noch etwas mehr Mayonnaise dazu geben, wenn das Ganze noch nicht, wie Klaus sagen würde, schlotzig genug ist.

Sieht zum Aufessen aus?
Dann ist es genau passend.
Ruhig direkt in den Kühlschrank
stellen, damit die Mayo noch
ein bisschen ziehen kann.

Erstaunlicherweise ist dein Fleisch
auch im Rauch richtig schön
bräunlich geworden.
Jetzt ist es an der Zeit, die
Temperatur nach oben zu ziehen
und für eine krosse Oberfläche
auf den Pattys zu sorgen.

Ohne Zwiebel kommt Klaus
beim Grillen fast nie aus – und bei
Burgern sowieso nicht. Dabei nutzt
er fast immer rote Zwiebeln, weil
die eben nicht nur scharf, sondern
etwas milder schmecken. Also:
Taucherbrille aufsetzen und los geht's.

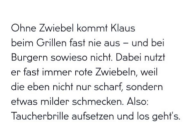

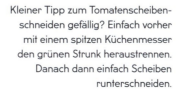

Kleiner Tipp zum Tomatenscheiben-
schneiden gefällig? Einfach vorher
mit einem spitzen Küchenmesser
den grünen Strunk heraustrennen.
Danach dann einfach Scheiben
runterschneiden.

So

sieht unser Fleisch doch schon mal so richtig gut aus. Aber da geht noch mehr. Wie gut, dass Klaus vorher seinen Grill zur Hälfte mit dem Speckstein belegt hat. Also kann das Fleisch umziehen. Nur kurz noch etwas Öl auf den Stein geben...

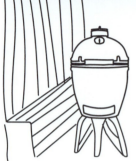

... und dann lassen wir Pattys und Würstchen noch mal so richtig in der Hitze schwitzen.

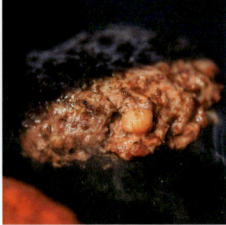

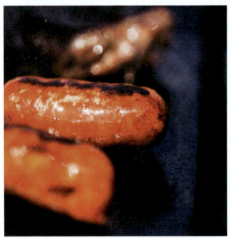

Braun dürfen die Würste ruhig werden, schwarz lieber nicht. Also immer wieder wenden.

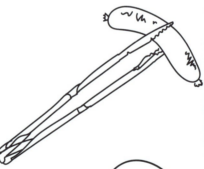

Wenn du hier im Buch angekommen bist, weißt du ja schon, wie du am besten deine Pattys grillst. Erst richtig schön heiß, Zeit lassen beim Wenden und dann ab mit ihnen in den indirekten Bereich deines Grills, damit die Hitze gut durchziehen kann.

HOCH GLÄNZEND!

Wenn deine Pattys so glänzen, ist es an der Zeit, sich um die Buns zu kümmern.

Klaus zaubert hier diese roten Exemplare hervor und will uns erzählen, dass die mit roter Bete gefärbt sind. Aha.

Nachteil der roten Brötchen: Die werden eher schwarz als braun. Naja, schmecken tun sie auch so. Und merkwürdigerweise nicht nach roter Bete, sondern nach purem Burgerbrötchen.

Kurzer Gang zum Kühlschrank und die Bärlauch-Mayo rausholen. Sieht die wohl gut aus? Die sieht sehr gut aus!

Mit dem Löffel die Mayo auf dem Bun verteilen. Und, auch wenn es schwerfällt, den Löffel nicht ablecken, sondern mit den weiteren Buns genauso verfahren.

LECKEN VERBOTEN!

Was wir immer auf Burgern mögen: Feldsalat. Also eine volle Hand davon genommen und ab damit auf den Burger.

Jetzt, ganz sachte, den Patty auf das Feldsalat-Bett setzen. Das geht mit Zange, mit Palette oder mit Handschuhen. Am allerbesten aber mit den Fingern.

Natürlich hast du am Anfang gedacht, dass wir die Chorizo in Scheiben schneiden. Aber da hast du die Rechnung ohne Klaus gemacht. Der schneidet sie längs in zwei Hälften. Damit nachher alles schön im Burger bleibt und nicht rauspurzelt.

Einfach weiter stapeln, bis dein Burger fertig ist und du ENDLICH reinbeißen kannst. Guten!

KATHRIN KÄSE-BURGER

Wo genau sind wir jetzt unterwegs? Im Buch WIR GRILLEN GRÜNE BURGER? Ach was. Irgendwann ist auch mal gut mit Rindfleisch – und das hier hat nix mit grün, sondern vor allem mit lecker zu tun. Zugegeben, anfangs ist es etwas gewöhnungsbedürftig, ein daumendickes Stück Käse zu panieren. Aber auf dem Grill passiert etwas ganz Wunderbares mit ihm. Und auf dem Burger erst. Wenn also fleischlos, dann genau so. Mit jeder Menge Geschmack und dem Gefühl, nicht nur nichts verpasst, sondern nur gewonnen zu haben.

EIER, MEHL
PANKOMEHL, GEWÜRZE
NACH WAHL, EDAMER AM STÜCK
KÄSE IN SCHEIBEN, OLIVENÖL
BURGER BUNS, BUTTER
ROTE ZWIEBELN, TOMATEN
SALZ & PFEFFER, MAYO, SÜSSER SENF, SALAT

Käse-Burger? Der klingt ja nach 'nem Cheeseburger von der Pommesbude um die Ecke. Aber seit wann machen wir denn sowas? Hier wird es etwas aufwändiger – und viel leckererer.

Sieht ja aus wie beim Backen. Man nehme: Eier, Mehl und Paniermehl. Und schon weißt du: Wir backen doch nicht, wir panieren. Und am Ende wird es kein Schnitzel, sondern Käse.

Sieht aus, als würden wir das Paniermehl pfeffern. I-wo! Klaus streut da – wie auch beim Schnitzel – gerne mal etwas Grillgewürzmischung mit dazu.

Paniermehl und Gewürzmischung gut vermischen und zur Seite stellen.

Die Eier ordentlich mit Löffel (oder besser: Gabel) so stark und lange schlagen, dass sie eine orangefarbene Masse ergeben. Das ist dann dein zweites Bad für den Käse.

Erst einmal geht es für die daumendicke Käsescheibe ins Mehl. Davon nimmt sie nicht richtig viel auf, aber nur so hält die gesamte Panade an ihr.

Damit das Mehl überall hinkommt, den Käse ruhig auch hochkant ins Mehl drücken.

Vom Mehl geht's weiter zum Ei. Hier am besten in einer genügend großen Schale arbeiten und das Ei mit dem Löffel über den Käse laufen lassen.

Weiter geht's im Paniermehl. Wer es etwas crunchiger mag, der nutzt hier Pankomehl. Wenn wir uns recht entsinnen, haben wir Klaus noch nie mit etwas anderem grillen sehen.

Hier besser nicht mehr zu stark drücken, sondern das Mehl vorsichtig auf den Käse heben und ihn dann mit dem Löffel sanft ins Mehl schieben.

Ein Mal wenden, bitte. Und dann genauso vorsichtig weiterarbeiten.

Sieht doch richtig gut aus, unser Stück Fleisch – äh, Käse. Noch ein bisschen hart vielleicht, aber das ändern wir nachher beim Grillen. Ehe es so weit ist, panieren wir, kein Witz, den Käse noch ein weiteres Mal mit Ei und Pankomehl.

Doppelt hält besser. Und das darfst du in diesem Fall ruhig wörtlich nehmen. Zwei Mal paniert schmeckt besser, probier das ruhig auch mal bei deinem nächsten Schnitzel aus.

Jetzt können wir endlich mit dem Grillen starten. Schon mal panierten Käse gegrillt? Nein? Dann raten wir dringend zur Grillpinzette, die macht das (Griller-) Leben deutlich einfacher.

Dein Käse zieht jede Menge Olivenöl. Also sei bitte nicht geizig, auch wenn die Literpreise gerade durch die Decke gehen. Also versorg deinen Käse immer wieder mit einem ordentlich Schuss Olivenöl.

Wir können uns nebenbei schon mal um die Buns kümmern. Wir nutzen in diesem Fall welche, die schwarz gefärbt wurden. Sieht gut aus, schmeckt man nicht.

Auch hier kommt wieder unsere Butterrolle zum Einsatz. Weil sie sososo gut ist. Und du spätestens jetzt weißt: Ohne die geht gar nichts.

Ehe es am Grill weitergeht, schneiden wir Gemüse. Mit einem Lächeln im Gesicht – und Tränen in den Augen.

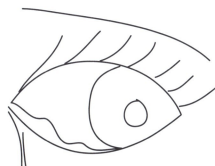

Damit es noch etwas extravaganter wird, nutzen wir hier gelbe Tomaten. Was du vielleicht schon ahnst: Es schmeckt genauso gut mit roten Tomaten.

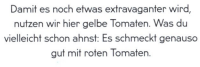

Was du bei Tomaten niemals vergessen darfst: Salz.
Und hier sogar: Salz und Pfeffer.

Kommen wir zu unserer Soße, die natürlich nicht aus dem Kühlregal, sondern selbst gemacht ist. Wir starten dafür – wie so häufig – mit einem kräftigen Schwung Mayonnaise.

MAYO

Senf darf auch nicht fehlen, allerdings in einer süßen Variante. Dieser hier stammt sogar aus einer Senfmühle auf Bornholm. So weit brauchst du allerdings nicht zu fahren – obwohl, lohnen tut sich hier eigentlich auch die weiteste Anreise.

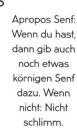

Apropos Senf: Wenn du hast, dann gib auch noch etwas körnigen Senf dazu. Wenn nicht: Nicht schlimm.

Kurzer Blick rüber zum Grill: Sieht gut aus. Vor allem, wenn unten am Käserand schon etwas Käse aus der Panade heraustritt und das Öl Blasen wirft.

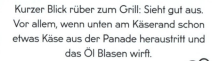
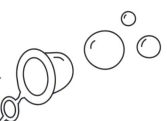

Und immer daran denken: Öl weiterhin an den Käse tropfen lassen. Nur so trocknet er nicht aus.

Zurück zu unserer Soße: Eine ordentliche Portion Pfeffer darf auch hier nicht fehlen, auf Salz verzichten wir aber.

Jetzt noch krääääftig vermischen und schnell wieder rüber zum Grill. Hier sollte dein Käse schon sehr lecker aussehen und noch viel leckerer duften.

Das hier

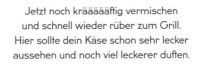

ist das untrügerische Zeichen dafür, dass dein Käse fertig ist. Also aufpassen, dass nicht zu viel Flüssigkeit austritt und weg damit aus der direkten Hitze.

Manchmal übertreibt Klaus ja ein bisschen, manchmal sogar etwas mehr. In diesem Fall hier haben wir erst den Kopf geschüttelt – und später beim Probieren genickt. Der doppelte Käse schmeckt tatsächlich.

Wenn du es richtig gut machen willst, dann stülpst du jetzt eine Burgerglocke über den Käse, damit die Käsescheibe darunter besser zerläuft. Hatten wir gerade nicht da, funktioniert also auch ohne.

Dann richten wir mal in Ruhe an. Tatsächlich verzichten wir beim unteren Bun auf Soße und legen gleich ein ausgewachsenes Salatblatt drauf.

Wenn du den doppelten Käse vom Grill nimmst, solltest du vorsichtig sein und mit einer Grillpalette arbeiten. Klaus nimmt auch noch seine Hände zur Hilfe – gute Idee!

Es folgen: Tomaten und Zwiebeln. Auch da helfen flinke Finger weiter.

Fehlen noch: unsere Soße, der Deckel, Hunger und Gäste. Guten Appetit!

Neulich stand Klaus im Supermarkt an der Fleischtheke und begann, mit der Fleischerei-Fachverkäuferin zu diskutieren. Ob sie denn überhaupt wisse, was für wunderbare Dinge man mit einem Schweinebauch so am Grill anfangen könne. Bacon. War die Antwort. Ja, erwiderte Klaus. Aber eben noch viel, viel mehr. Er ließ sich daraufhin nur den weißen Speck hauchdünn abhobeln und versuchte noch, zu erklären, wie wunderbar sich damit Hackbällchen einrollen und dann grillen ließen. Letztlich aber? Winkte er ab. Denn: Die Frau hinter der Theke wollte Bacon. Daumendick. Also findet sie hier ihren neuen Lieblings-Burger. Hoffen wir, dass sie dieses Buch irgendwann in die Hände bekommt. Und sie sich dann doch mal selbst traut, in Schweinebauch viel mehr als nur Bauchspeck zu sehen.

RINDERHACK
BAUCHSPECK
SALATHERZEN
BURGER BUNS
BARBECUE-SOSSE
BURGERGURKEN

SIBYLLE
SCHWEINE-BAUCH-BURGER

Wir starten mit dem klassischen Burger-Patty. Also rauf damit auf den heißen Grill. Wir nutzen hier den Speckstein – weil er das beste Ergebnis liefert.

Klaus legt den Patty

NIE

einfach so auf den Grill, sondern drückt ihn immer fest. Nicht zärtlich, sondern eher robust.

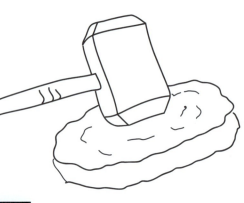

Was Klaus auch nie macht: den Patty zu früh wenden. Er lässt sich hier immer sehr viel, fast unverschämt viel Zeit. Und passt dann der perfekten Zeitpunkt ab. Wie er das macht? Gute Frage. Nennen wir es einfach: Erfahrung.

Wenn es um Bauchspeck geht, ist Klaus in seinem Element. Und weiß: Die meisten nehmen viel zu dünne Scheiben. Er geht am Kühlregal vorbei direkt an die Fleischtheke und bestellt den Speck dort – daumendick.

Den Bauchspeck legt er direkt neben den Patty – mit etwas Platz zum Arbeiten. Wohlwissend, dass der Speck schneller fertig ist als der Patty.

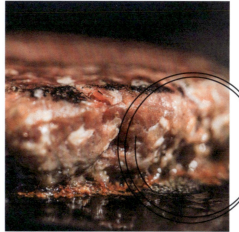

Stichwort Erfahrung: Jetzt ist der Burger bereit zum Wenden. Schau dir den Rand unten am Speckstein an, der zeigt dir: Ich bin fertig. Also zumindest auf einer Seite.

Wir wenden also doppelt: Patty und Bauchspeck. Normale Griller machen das mit Palette oder Grillzange. Klaus nimmt beim Speck die Finger. Wenn du also mit Klaus grillst, dann pass auf, dass er den Speck wieder zurück auf den Grill legt und ihn nicht in den Mund schiebt!

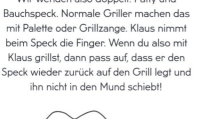

← So sollten deine Bauchspeck-Streifen aussehen. Also runter mit ihnen von der direkten Hitze und um die Pattys kümmern. Beides zusammen sollte so aussehen. →

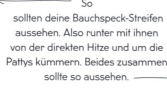

Das Fleisch erfreut sich jetzt im indirekten Teil deines Grills an der Wärme, während du dich in Ruhe um Gemüse und Buns kümmern kannst. Du brauchst, wie immer: ein großes Brett und ein scharfes Messer.

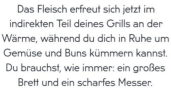

Wir finden immer noch, das Eisbergsalat der langweiligste Salat ist, den es gibt. Wir greifen stattdessen zu knackigen Salatherzen.

Die Burger Buns wie gewohnt aufschneiden und auf den Speckstein liegen. Da steht noch etwas Fett vom Fleisch? Perfekt! Damit werden sie am besten.

Kurzer Blick zum Fleisch: Das ist jetzt fertig. Also ein bisschen Beeilung, damit wir alles zum richtigen Zeitpunkt beisammen haben.

Selbstverständlich geht hier jede x-beliebige Grillsoße. Ebenso selbstverständlich nutzen wir nicht jede x-beliebige Grillsoße. Sondern diese hier, aus Australien.

Jetzt beginnt das große Stapeln, das wir so lieben. Klaus macht das mit den Fingern, wir eher mit Gabeln. Entscheide selbst.

Wie viel Bauchspeck darf es denn sein? Klaus greift zum Messer und macht hier Hälfte/Hälfte. Wenn du ein Schweinefleischliebhaber bist, dann kannst du das Messer auch ungenutzt lassen.

Fehlen noch: ein paar eingelegte Gurken, Soße, Bun.

FERTIG!

WAS FÜR EIN AUFSCHNEIDER
PERFEKT GEGRILLT, RUCKZUCK GEGESSEN.

HACK
(HALB + HALB)
OLIVENÖL
BURGER BUNS
BUTTER, SALZ &
PFEFFER

EDUARD ERDNUSSFLIPS-BURGER

Nein, einfach nein. Geht nicht. Haben wir gesagt. Auf keinen Fall. Erdnussbutter auf einem Patty, Erdnussflips in einem Burger. Keine Ahnung. Hat Klaus zu uns gesagt, uns sanft, aber bestimmt vom Grill weggeschoben und sich erst eine Handvoll Erdnussflips in den Mund und dann eine weitere Handvoll auf die Pattys geschoben. Uns lief ein Schauer den Rücken herunter, dann aber haben wir all unseren Mut zusammengenommen und haben doch probiert. Und was sollen wir sagen? Einfach selbst ausprobieren. Und, ganz wichtig: Nicht zu viele Flips aus der Tüte naschen, bevor es überhaupt an den Grill geht.

ERDNUSSBUTTER EISBERGSALAT ERDNUSSFLIPS, MAYO

Viel braucht es nicht für einen Burger, der wirklich komplett anders als alle anderen schmeckt. Also: Einfach mal alle Vorurteile zur Seite schieben und loslegen.

Wir starten mit einer gut 160 Gramm schweren Kugel Hackfleisch und wählen hier tatsächlich halb Schwein, halb Rind. Das lässt den Burger schön saftig werden.

Jetzt braucht es das Plätteisen. Am besten legst du zwischen Eisen und Patty noch einen Bogen Backpapier, damit nichts aneinanderklebt.

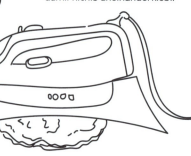

Hatten wir schon erzählt, dass du deinen Speckstein, deine Plancha vorher einölen solltest? Wusstest du schon? Gott sei Dank!

Wenn es einen Burger gibt, der sehr, sehr schnell fertig ist, dann ist es dieser hier. Also schon mal die Buns aus der Tüte holen und halbieren.

Selbstverständlich kommt auch hier unser Hamsterrad zum Einsatz. Du siehst: Ohne geht es nicht. Wir sehen: In das Start-up hätten wir investieren sollen.

Jetzt kurz zum Grill rüberschwenken und die Pattys ein Mal festdrücken. Wir grillen hier am OFYR, da sorgt das Fett für ganz wunderbare Flammen.

Was wir selten machen, gönnen wir uns hier: Salz und Pfeffer für den Patty. Bei Schweine- und Rindfleisch macht das durchaus Sinn.

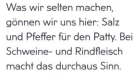

Du siehst und merkst: Wir haben noch gar nicht gewendet. Was genau richtig ist. Erst einmal soll die Unterseite so kross wie möglich werden. Erst dann greifen wir zur Grillpalette.

Sooooo, jetzt hast du lange genug gewartet, jetzt kann das Wenden starten. Und wenn du alles richtig gemacht hast, dann sieht deine Patty-Unterseite jetzt genau SO aus:

Jetzt kommt der Part, bei dem wir zunächst ein sehr großes Fragezeichen in unserem Kopf hatten.

Erdnussbutter auf Burger Bun? Geht das gut? Das geht sogar sehr gut!

Wenn der Rest schon so außergewöhnlich ist, dann kann der Salat ruhig ein schnöder Eisbergsalat sein. Klein geschnitten, versteht sich. Und nur dieses eine Mal, BITTE.

Selten haben wir einen so perfekt gegrillten Patty gesehen. Nimm das nicht als Messlatte. Sondern eher als Ziel. Soooo perfekt muss es aber gar nicht aussehen, wenn du uns fragst. Klaus fragen wir dabei besser nicht.

Wir trauen uns gar nicht, das zu schreiben, aber: auf das Fleisch kommt noch eine Ladung Erdnussbutter. Damit die Flips nicht runterpurzeln.

Jetzt aber schnell die Flipstüte schnappen, aufreißen, eine Handvoll in den Mund stecken, drauflosknuspern und dann kann es mit dem Grillen weitergehen.

Was man zum Draufsetzen der Erdnussflips am besten nimmt? Eine Pinzette. Oder einfach die Hände.

Oben wird es dann ganz klassisch: Klaus schwört bei Mayonnaise auf die von Hellmann's. Also nehmen wir die auch. Und fragen uns schon jetzt: Wer isst Erdnussflips mit Mayo?

Bevor Klaus einen Burger an seine Gäste rausgibt, drückt er noch mal ganz sanft von oben drauf. Mach es wie Klaus. So verteilt sich die Soße von oben nach unten. Und: So wird alles irgendwie kompakter und besser essbar.

GERRYS GEMÜSE-BURGER-GANG

Gar kein Fleisch? Also überhaupt keins? Nicht mal Hackfleisch? Hm. Der ausgewiesene Fleischfreund blättert jetzt direkt weiter. STOP! Jetzt probier es – und vor allem unseren Gemüse-Burger – doch erst einmal. Du darfst grillen, du darfst sogar deinen kleinen Handbrenner anwerfen und mit Flammen nur so um dich werfen. Hauptsächlich darfst du aber einen Burger grillen, der eben nicht nur für deine vegetarischen Freunde gedacht ist. Und wenn sich in dir wirklich alles sträubt, dann leg doch einfach ein kleines Fleisch-Patty zwischen all das Gemüse. Muss nicht sein, ist nicht so gedacht. Geht aber.

ZUCCHINI, SALZ & PFEFFER
OLIVENÖL, WEISSWEINESSIG
SPITZPAPRIKA, MINI-
ZUCCHINI, MINI-TOMATEN
ROTE ZWIEBELN
BROKKOLI, KRÄUTERFRISCHKÄSE
BLATTSPINAT, GORGONZOLA
BURGER BUNS

Wenn Klaus Gemüse einkaufen geht, dann wird es wild. Und überraschend. So hat er für den Gemüse-Burger direkt eine runde Zucchini mitgebracht. Sieht anders aus, schmeckt genauso und lässt sich auch schlechter hobeln als eine Längliche. Naja. Irgendeinen Vorteil wird sie schon haben.

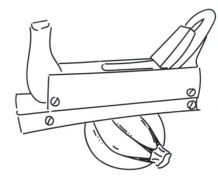

Egal, ob länglich oder rund: Hobel sehr dünne Scheiben von der Zucchini herunter und gib sie in eine Schüssel.

Damit an das Gemüse etwas Dampf kommt, wie Klaus sagen würde, braucht es Salz, Pfeffer, Olivenöl und Weißweinessig. Dann kann das Ganze erst einmal ruhen.

Wenden wir uns also den Paprika zu – auch hier kommen nicht die normalen, sondern die spitzen Varianten zum Einsatz. Warum? Weil sie sich besser in Stücke schneiden und drücken lassen, die dann wiederum besser zu grillen sind.

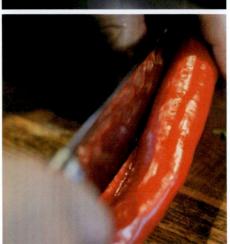

Die Spitzpaprika der Länge nach durchschneiden, Kerne und Innenleben entfernen, mit Messer und Kraft plattdrücken und dann in Stücke schneiden.

Als Klaus so durch die Gemüseabteilung geschlendert ist, lachten ihn an auch noch Mini-Zucchini. Hatten wir doch schon. Dachte er erst. Sehen aber süß aus. Merkte er dann. Und hat sie direkt mit eingepackt.

Verarbeitet werden die Mini-Zucchini wie ihre älteren Geschwister. Also einfach in kleine Streifen schneiden und fertig sind sie.

Bei Mini-Tomaten ist das anders. Die rutschen durch jeden Rost und hüpfen von der Plancha. Also setzen wir sie lieber in eine kleine Grillschale, nachdem wir die obere Hälfte eingeschnitten haben.

Diese Tomaten passen übrigens nicht nur auf den Gemüse-Burger, sondern überall hin. Also auf Burger, neben Steaks, zu vegetarischen Gerichten. Von diesem kleinen feuerfesten Schälchen kannst du also gar nicht genug im Schrank haben.

Dazu dann noch Salz, Pfeffer, Olivenöl, Zwiebeln und, wenn du magst, Knoblauch. Wir haben hier aus Gründen auf Letzteres verzichtet.

Bei diesem Gemüse gibt es keine zwei Meinungen: Der wilde Brokkoli schmeckt deutlich besser als der handelsübliche. Aber: Die wilde Variante gibt es nicht immer und nicht überall. Also geben wir uns ausnahmsweise mit der 08/15-Variante zufrieden.

Wir interessieren uns heute nur für die kleinen Röschen und trennen die mit dem kleinen, aber superscharfen Küchenmesser ab. Aus dem Strunk machen wir entweder eine Brokkolisuppe oder Kaninchenfutter.

Damit die kleinen Brokkolistücke nicht auseinanderbrechen, gibt es einen Tipp von Klaus. Unten den Stiel anschneiden, dann mit den Fingern vorsichtig auseinanderziehen. So bleibt alles in Form und lässt sich gut auf die Plancha setzen.

Schon sind wir mit den Vorbereitungen fertig. Und solltest du jetzt nicht deine Finger wegen allzu viel Schneidewut verbinden müssen, kannst du direkt rüber zum bereits angefeuerten Grill gehen und auflegen.

Bei den Spitzpaprika-Stücken ist es wichtig, dass du sie nicht nur auf den Grill legst, sondern kräftig andrückst. Nur so kommen die Röstaromen überall hin.

Deine Tomaten in der Schale brauchen am längsten, die Zucchini sind zuerst fertig. Also entweder zeitlich gestaffelt auf den Grill legen oder mit unterschiedlichen Hitzezonen arbeiten.

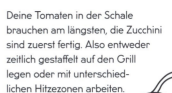

Bei den Paprika ruhig zwischendurch noch ein, zwei Mal nachdrücken. Durch die Hitze neigen sie dazu, sich zusammenzuziehen und zu wölben. Und genau das sollen sie nicht.

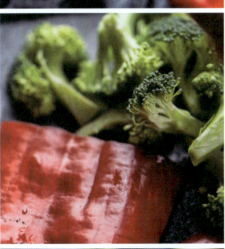

Beim Brokkoli musst du aufpassen: Der brennt schnell an und trocknet fast genauso schnell aus und verliert dann an Geschmack. Also immer wieder wenden und viiiel Olivenöl benutzen.

Das sieht nicht nur farbenfroh, sondern auch richtig lecker aus. Und das nicht nur für einen Vegetarier, sondern für jeden, der mal nach echten Burger-Varianten sucht.

Ruhig noch etwas grobes Salz auf die Paprika geben, wenn sie schon gut durchgegrillt sind.

So sieht das Gemüse aus, wenn es fertig ist und vom Grill heruntergenommen werden kann.

Natürlich hauen wir jetzt nicht eine halbe Flasche Ketchup auf unser Bun. Klaus hat stattdessen tief in der Käsetheke gewühlt und original französischen Frischkäse gesucht. Und gefunden.

Den Kräuterfrischkäse, der es natürlich auch in der Gut & Billig-Variante tut, einfach auf das Bun streichen. Das klappt am besten nicht mit dem Messer, sondern mit der Rückseite eines Esslöffels.

Jetzt sind der Fantasie keine Grenzen gesetzt. Wir starten mit etwas Blattspinat und stapeln Schicht für Schicht aufeinander.

 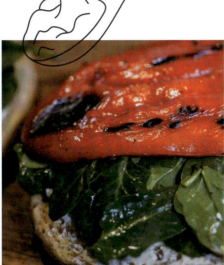

Bei den Zucchini-Scheiben vorsichtig sein und sie wie einen Gurkensalat mit viel Liebe auf die Spitzpaprika setzen.

Hier scheiden sich jetzt die Geister: Wirklich Gorgonzola auf den Burger packen? Auf jeden Fall! Sagt Klaus. Um Gottes Willen! Sagen wir. Entscheide selbst.

Dem Käse heizen wir jetzt mal so richtig ein. Ready? Go!

VORSICHT! SAUHEISS. SAULECKER.

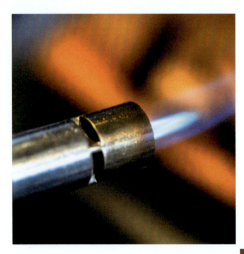

Natürlich kann man eine Scheibe Gorgonzola auch einfach so auf den Burger legen und damit satt und froh werden. Wenn du aber einen Brenner hast, dann ist jetzt ein guter Zeitpunkt, um ihn mal zu zünden.

Mir der Flamme vorsichtig und mit Abstand über die Käsescheibe gehen und aufpassen, dass sie nur schmilzt – also nicht verbrennt. Das dauert nur ein paar Augenblicke. Also wachsam sein und aufpassen!

So sieht dein Käse perfekt aus und du kannst lustig weiterstapeln. Wie man all das nachher unfallfrei in den Mund bekommt? Dein Problem!

Damit das Aroma des Brokkolis gut zur Geltung kommt, gerne noch mal nachwürzen.

Den Bun-Deckel wieder mit Kräuterfrischkäse bestreichen, zuklappen, reinbeißen. Und wissen: Es braucht eben doch nicht immer Fleisch, um Burger zu essen. Und zu genießen.

Und so sieht dein Gemüseburger aus, wenn er fertig ist.

RINDERHACK
CAMEMBERT
PETERSILIE, OLIVENÖL
SALZ & PFEFFER
BURGER BUNS, MAYO, SALAT
PREISELBEER-MARMELADE

Petersilie wirklich grillen? Camembert wirklich auf einen Patty legen? Zwei Mal lautet die Antwort: Ja. Wir hatten auch so unsere Vorbehalte, als Klaus diesen Burger auf diese Art und Weise grillte. Konnte das schmecken? Und kann man Petersilie überhaupt grillen? Beides gut. Und zwar richtig gut. Jetzt vielleicht nicht auf einem Grillrost, aber wer eine Plancha sein Eigen nennt, der kann ab sofort etwas ganz Besonderes auf seinem Grill zaubern, zerlaufender Käse und krosse Petersilie inklusive.

CASPER CAMEMBERT-BURGER

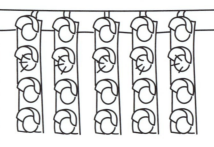

Das hier ist ein wirkliches schnelles Gericht. Ein sehr schnelles sogar. Also starten wir direkt mit dem Patty durch. Ab auf den Grill mit ihm. Und dann volle Pulle grillen.

Wieso wir jetzt schon mit dem Grillen des Pattys starten? Weil wir das Fleisch brauchen, um darauf den Camembert schmelzen zu lassen. Also nicht zu früh umdrehen, sondern so lange warten, bis sich da eine schöne, krosse und braune Kruste gebildet hat.

So sieht es schon richtig gut aus. Dann kannst du jetzt deinen Camembert in Scheiben schneiden und auf das Fleisch legen.

Wir wissen: Nicht jeder mag Camembert. Wir wissen aber auch: Camembert, geschmolzen, in deinem Burger, schmeckt ganz anders als kalt auf dem Brötchen. Also probier es einfach aus, nimm nicht zu viel Käse für die, die vorsichtig sind. Und stapel die Scheiben in die Höhe für echte Käseliebhaber.

Hast du schon mal glatte Petersilie gegrillt? Eher nicht. Und, zugegeben: Wir auch nicht. Aber Klaus lässt einfach ein wenig feinstes Olivenöl auf die Plancha laufen und fängt an.

Du kannst dir sicherlich vorstellen, wie schnell die frische Petersilie braun und kross wird. Also nicht vom Grill weglaufen, nicht mal weggucken. Sondern wachsam bleiben und viel wenden!

Von der Plancha kannst du die Petersilie direkt auf deinen Camembert legen. Wann sie fertig ist? Sobald du das Knacken hören kannst, wenn du die Petersilie leicht zusammendrückst.

Es fehlen natürlich noch deine beiden Freunde: Salz und Pfeffer. Dabei dürfen die doch eigentlich nie fehlen.

Auch beim Aufbau des Burgers sind wir flott unterwegs. Also die Buns grillen und dann mit Mayonnaise bestreichen.

Obwohl du mit der Petersilie schon etwas Grünes für deinen Burger hast: Ein wenig Salat darf nicht fehlen.

Jetzt wird es ein wenig kniffelig, du musst schließlich Patty, Camembert und Petersilie in einem Schwung auf das Bun setzen. Also: Tief aus-, dann genauso tief einatmen und alles vorsichtig vom Grill aufs Bun heben.

Was jetzt noch fehlt, ist etwas Süße. Die holen wir uns über die Preiselbeer-Marmelade. Normale Preiselbeeren gingen auch, aber bei denen ist die Gefahr sehr groß, dass sie zu schnell wieder aus dem Burger heraushüpfen würden.

Wie viel Marmelade dein Burger verträgt? Viel. Also so richtig viel. Weil sich die Marmelade ja durch die Petersilie bis zum Camembert vorarbeiten muss. Das dauert. Und braucht eben viel Masse – sprich: süße Marmelade.

Jetzt nur noch den Deckel draufsetzen – und fertig ist dein Express-Burger. Und auch wenn es schwerfällt: Lass die Mayonnaise bitte auf der oberen Bun-Hälfte weg. Die Marmelade übernimmt schon den Job.

Bei diesem Burger wollen wir vieles. Aber ganz sicher nicht an das denken, was der Fischhändler zu astronomischen Preisen als Fischfrikadelle im Brötchen verkauft. Hier geht es um Lachs, am besten um wilden, also nicht in Netzen gehaltenen, sondern wandernden, echten Lachs, der ein Leben voller Abenteuer hinter sich hat. Wer das nicht mag, blättert einfach weiter und erfreut sich einfach an einem der anderen Burger-Rezepte. Wer dann doch Fisch isst und mag und liebt, der wird auch Klaus und diesen Burger lieben. Und wer danach immer noch am Fischstand auf der Kirmes herumlungert und sich Fettiges mit Remoulade in den Mund schiebt, dem ist nicht mehr zu helfen.

WILDLACHS, SALZ & PFEFFER
TOMATEN, BURGER BUNS
ROTE ZWIEBELN
FRISCHKÄSE
SALAT, GEWÜRZGURKEN

Was du für diesen Burger vor allem brauchst, ist ein richtig gutes Stück Lachs. Wenn du Klaus fragst, dann kauf am besten Wildlachs. Der ist leckerer als der aus der Aquakultur und besser für die Natur.

Wir haben den Lachs mal direkt auf die Plancha gelegt. Salz- und Pfeffermühle bereit? Dann können wir den Fisch direkt würzen.

Die Kunst beim Lachsgrillen ist das geduldige Arbeiten. Also wie so häufig nicht sofort wenden, sondern dem Lachs Zeit geben. Er grillt ja auf der Haut – das dauert.

Für das Wenden eine möglichst breite Grillpalette und ruhig die Hände mit zur Hilfe nehmen. Der Lachs ist zwar ein großer und starker Fisch, aber eben auch sehr zerbrechlich.

Wenn deine Lachshaut so aussieht, ist alles passend. Dann einfach auf der anderen Seite weitergrillen und immer mal vorsichtig drunterschauen.

Während dein Lachs weiter auf dem Grill schwitzt, kümmern wir uns kurz um die Beilagen.

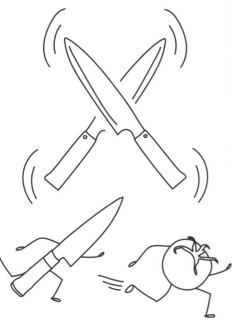

An den Tomaten zeigt sich, wie scharf dein Messer ist. Ist dein Messer schön scharf, dann bekommst du dünne Scheiben. Und genau die sollen es sein.

Kommen wir zum Bun. Hier hat Klaus wieder eine besonders fluffige Variante ausgesucht. Wichtig ist, dass du keine nimmst, die zu viel Vollkorn beinhaltet – hier darf es tatächlich mal richtig weiß und voller Weizenmehl sein.

Tatsächlich verzichten wir hier darauf, die Bun-Hälften zu buttern. Also einfach direkt rauf mit ihnen auf den Grillrost. Am besten nicht auf die volle Hitze, damit sie nur braun, nicht schwarz werden.

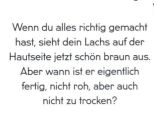

Wenn du alles richtig gemacht hast, sieht dein Lachs auf der Hautseite jetzt schön braun aus. Aber wann ist er eigentlich fertig, nicht roh, aber auch nicht zu trocken?

Wenn das Eiweiß so wie hier austritt, ist alles bestens und du kannst den Lachs noch ein wenig ruhen lassen, ehe er einsatzbereit ist.

VORSICHT SCHARF!

In der Wartezeit können wir noch ein paar Zwiebelringe schneiden. Klaus wählt hier – mal wieder – rote Zwiebeln.

Als Soße verzichten wir mal auf Mayonnaise und Co. und vertrauen auf den guten, alten Frischkäse. Ob mit oder ohne Kräuter, können du und dein Geschmack entscheiden.

Salzen, pfeffern und dann ein Blatt Kopfsalat auf das Bun setzen.

Fehlen noch Lachs, Gewürzgurken, Zwiebeln, Tomaten und noch mal Frischkäse. Jetzt seid ihr fertig – also du und dein Lachsburger.

Puh. Rote Bete. Damit konnte man uns in der Kindheit scheuchen. Ein paar Jahre später wurde das runde, harte Gemüse eher an Pferde verfüttert, denn auf den Grill gelegt, ehe die Rote Bete jetzt da ist, wo sie hingehört: auf Rost und Teller. Klaus greift dabei gerne mal zur vorgegarten, eingeschweißten Variante aus dem Gemüseregal, Tobias radelt lieber auf den Wochenmarkt und greift zur rohen Variante. So oder so gehört die Rote Bete auf deinen nächsten Burger, der eben kein Kaninchen- oder Pferdefutter, sondern eine echte Köstlichkeit ist. Kleiner Tipp noch am Rande: Wenn du viel Rote Bete zubereitest, dann schnapp dir Einmalhandschuhe, damit deine roten Finger nicht tagelang an deine Arbeit mit Messer, Brett und Gemüse erinnern.

RINDERHACK
ROTE BETE
PFEFFER, ZIEGENFRISCHKÄSE
BURGER BUNS, MAYO
FELDSALAT

HIER LANG

Wer mit Klaus grillt oder kocht, der hört immer Spannendes zum Thema Süße und Säure. Genau dieses Wechselspiel findet sich in diesem Burger, bei dem wir natürlich mit dem Pattygrillen starten.

Wenn du einen so dicken Patty erwischt hast wie wir, dann ist es sinnvoll, mit der Palette noch ein paar Rillen ins Fleisch zu drücken. So bekommst du noch mehr Röstaromen ins Fleisch.

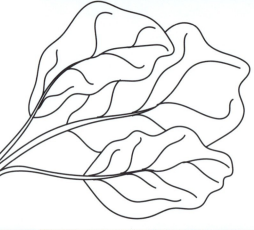

In der Gemüseabteilung findest du beides: rohe und schon vorgegarte Rote Bete. Hier ist Letztere besser. Also nicht daran stören, dass es die nur eingeschweißt gibt, sondern auspacken und in Scheiben schneiden.

Kurzer Blick zu Grill und Patty: Schaut gut aus. Kurzer Blick auf deine Finger: Alle noch dran. Dann kann es ja weitergehen.

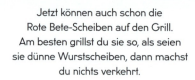

Jetzt können auch schon die Rote Bete-Scheiben auf den Grill. Am besten grillst du sie so, als seien sie dünne Wurstscheiben, dann machst du nichts verkehrt.

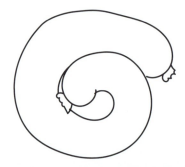

Obst auf der Pizza? Pfui-Teufel! Obst auf dem Burger? Immer gerne! Was ein wenig nach Messen mit dem falschen Maß klingt, ist tatsächlich so. Dein Patty kann gut die süßliche Obstnote vertragen. Und wenn die gegrillte Mango dann sogar noch Röstaromen angenommen hat, entsteht das, was Klaus für eine perfekte Kombination, ach was, Komposition hält. Pass bitte nur auf, dass du beim Schneiden der Mango nicht zu hektisch bist. Hier ist schon manch einer mit dem Messer vom Kern ab- und ins eigene Muskelfleisch reingerutscht. Also: Nur die Ruhe bewahren. Zeit nehmen, Gelassenheit ausstrahlen und sich von der gruseligen Vorstellung der Pizza Hawaii nicht verunsichern lassen. Mit einer zittrigen Hand hat noch niemand eine Mango sicher zerteilt.

MARLON MANGO-BURGER

RINDERHACK
MANGO, BACON
ERDNUSSBUTTER
BURGER BUNS, KÄSE
SALAT, MAYO

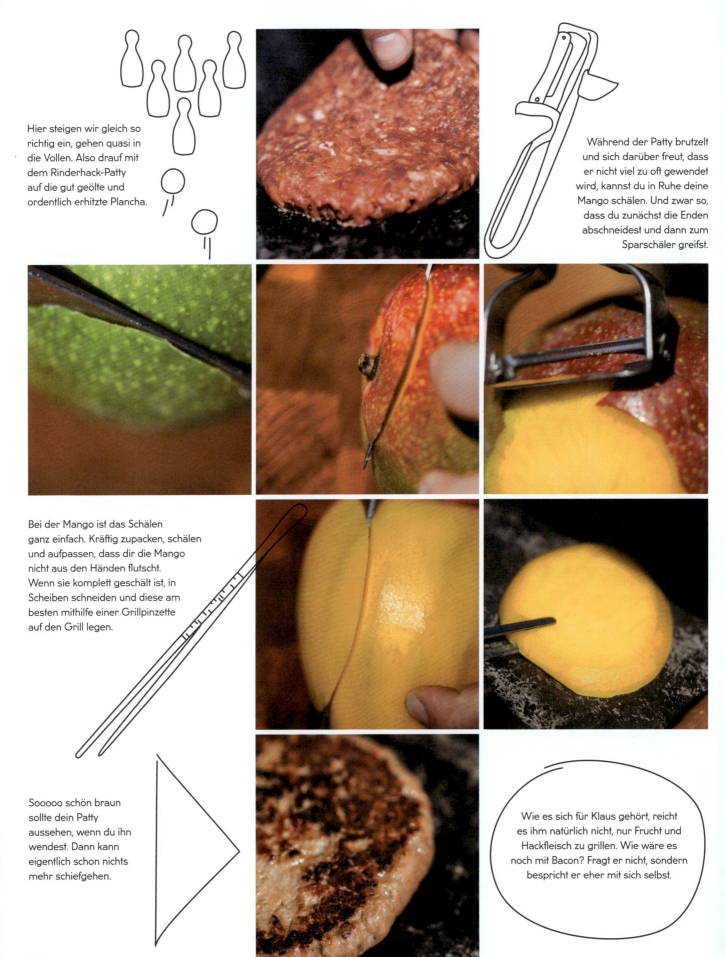

Hier steigen wir gleich so richtig ein, gehen quasi in die Vollen. Also drauf mit dem Rinderhack-Patty auf die gut geölte und ordentlich erhitzte Plancha.

Während der Patty brutzelt und sich darüber freut, dass er nicht viel zu oft gewendet wird, kannst du in Ruhe deine Mango schälen. Und zwar so, dass du zunächst die Enden abschneidest und dann zum Sparschäler greifst.

Bei der Mango ist das Schälen ganz einfach. Kräftig zupacken, schälen und aufpassen, dass dir die Mango nicht aus den Händen flutscht. Wenn sie komplett geschält ist, in Scheiben schneiden und diese am besten mithilfe einer Grillpinzette auf den Grill legen.

Sooooo schön braun sollte dein Patty aussehen, wenn du ihn wendest. Dann kann eigentlich schon nichts mehr schiefgehen.

Wie es sich für Klaus gehört, reicht es ihm natürlich nicht, nur Frucht und Hackfleisch zu grillen. Wie wäre es noch mit Bacon? Fragt er nicht, sondern bespricht er eher mit sich selbst.

Und wenn Klaus Bacon sagt, dann meint er nicht diese hauchdünnen Scheiben, sondern echten Bacon. Daumendick, für wahre Männer.

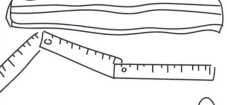

Den Bacon goldbraun grillen, ohne dass er zu knusprig und trocken wird. Also auch hier: Nicht vom Grill wegrennen, sondern wachsam bleiben und den Speck hin und wieder wenden.

Jetzt kommt etwas, das man mögen muss. Oder zumindest mal probieren sollte. Selten war die Gelegenheit so gut wie hier. Also Erdnussbutter kaufen und die nicht auf das morgendliche Toastbrot streichen, sondern tatsächlich auf den Patty geben.

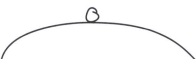

Am besten den Deckel deines Grills schließen, damit sich die Erdnussbutter nicht nur erwärmt, sondern wie schmelzender Käse auf dein Fleisch legt.

SOOOOO

lange dauert es gar nicht mehr. Also jetzt schon mal die Buns in Position bringen und in zwei Hälften schneiden, wenn der Hersteller das noch nicht erledigt haben sollte.

Jetzt siehst du, warum Klaus seinen Grill immer in zwei Teile aufteilt: Plancha und Rost. So bekommen deine Buns schöne braune Streifen und werden auf der Innenseite schnell schön kross.

Wenn du alles richtig gemacht hast, ist deine Mango jetzt schön braun und sind deine Baconstreifen ebenso knusprig.

Schnell die Mango vom Grill nehmen und erst Stifte, dann Würfel aus den gegrillten Scheiben schneiden. Mit dem Bacon genauso verfahren.

Fehlt noch: Käse (ja, wirklich!) auf dem Bun, nicht auf dem Patty. Da schmilzt ja schon die Erdnussbutter. Also Käse drauf aufs Brötchen und ab damit in den Grill.

Und jetzt: Zusammensetzen und reinbeißen Und für immer und ewig wissen: Erdnussbutter hat beim Frühstück nichts verloren. Aber am Grill kann sie was. Und wie! Noch ein bisschen Salat, ein wenig Mayonnaise – und schon kannst du durchstarten.

MELLY MEDITERRAN-BURGER

Wie wäre es, wenn ein Burger leicht wäre wie die Brise, die abends über die Hafeneinfahrt in dem kleinen Mittelmeer-Städtchen hinwegweht? Keine schwere Soße, keine übermäßigen Kalorien, nichts, was noch Stunden nach dem Genuss schwer im Magen liegt. Mit diesem Burger hier wird es leicht, unbeschwert gar. Er ist die passende Wahl für laue Sommerabende – und das auch für den, der mit einem Riesenhunger vorfährt. Schließlich kann man von ihm direkt zwei, drei Stück essen. So gut schmeckt er. Und so leicht ist die gesamte Portion am Ende dann doch nicht.

RINDERHACK, RUCOLA TOMATEN, CIABATTA BUNS OLIVENÖL, GEWÜRZMISCHUNG NACH WAHL, BARBECUE-SOSSE KOCHSCHINKEN, SALZ & PFEFFER

Wir sind in Eile, also starten wir direkt. Ab mit dem Patty auf den Grill, ein Mal festdrücken und dann schon mit dem Messer bei Rucola und Tomaten loslegen.

Rucola nicht zu klein, Tomaten nicht zu dünn schneiden. Also alles besser mit Augenmaß und so, dass die Stücke nicht direkt aus dem Burger fallen, wenn du das erste Mal reinbeißt.

Beim Bun greift Klaus hier zu einem echten Ciabatta Bun. Gibt es bei dir nicht zu kaufen? Doch, doch. Einfach mal links und rechts neben den Burger Buns im Regal schauen, dann wirst du bestimmt fündig.

Auf die Buns nicht nur Olivenöl, sondern auch eine Käutermischung nach Wahl geben. Das sorgt für noch mehr Toskana-Feeling auf deiner Zunge.

Mithilfe eines Löffels Öl und Kräuter gut auf dem Bun verteilen und leicht eindrücken, damit die Kräuter auf dem Bun bleiben und nicht in den Grill hüpfen.

Wenn es passt, schon mal den Patty wenden und die Buns daneben legen.

Wenn alles perfekt gegrillt ist, kann es schon mit dem Stapeln losgehen. Und zwar so:

- ☑ Bun
- ☑ Barbecue-Soße
- ☑ Rucola
- ☑ Patty
- ☑ Italienischer Kochschinken
- ☑ Barbecue-Soße
- ☑ Tomaten
- ☑ Salz & Pfeffer
- ☑ Bun

Ein Spiegelei kann ja jeder braten. Denkt man. Aber in der Pfanne ist schon manches Unglück passiert. Etwas komplizierter wird es, wenn ein Ei auf die Plancha geschlagen wird. Und die Erwartung vor allem an das Eigelb ganz einfach ist: Es muss fest und weich zugleich sein, sodass es am Burger herunterläuft, wenn man sanft auf seinen Deckel drückt. Klingt für einen ganz normalen Burger viel zu kompliziert. Na, hör mal! Wir machen doch keine stinknormalen Burger. Sondern das Besondere. Und wenn Klaus dir gleich Schritt für Schritt zeigt, wie das klappt, mit dem Burger und dem Ei, dann hast du etwas gelernt. Nicht nur fürs Grillen. Sondern auch für dein nächstes Frühstücks-Spiegelei.

SPENCER SPIEGELEI-BURGER

RINDERHACK, KÄSE
OLIVENÖL, ROTE ZWIEBELN
SALZ & PFEFFER
TOMATEN, BURGER BUNS
EIER, DOLLIE SAUCE, SALAT

Den Start macht, na klar, ein ausgewachsenes Rinderhack-Patty. Alles wie gehabt: Grill an, Öl drauf, Öl verteilen, warten, noch ein bisschen länger warten und dann den Patty auf die Plancha legen.

Da du ja nicht soooo gut im Warten bist, schließe einfach den Deckel deines Grills und wende dich Messer und Brett zu.

Jetzt bloß nicht weinen. Sondern einfach nur Zwiebeln schneiden. Wir bilden uns ein, dass die roten Zwiebeln seltener zu Tränen führen als ihre weißen Geschwister. Und irren uns bestimmt.

Kurz die Augen trocknen, tief durchatmen und weiter geht es mit den Tomaten. Die einfach in dünne Scheiben schneiden und

Kurz mal rüber zum Grill laufen und vorsichtig unter deine Pattys schauen. Sehen schon gut, kross, braun aus? Dann langsam die Grillpalette drunter schieben und ein Mal wenden, bitte.

LÄCHELN!

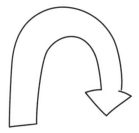

Wenn dein Patty so aussieht, ist alles perfekt. Jetzt nur noch warten, dass er innen auch schön fertig gegrillt ist und dann kann es schon bald mit dem Stapeln losgehen.

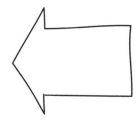

Wie es sich für einen ordentlichen Burger gehört, braucht es auch Käse. Nimm nicht die teure Version von der Käsetheke, sondern den Billigkäse aus dem Kühlregal, der in Folie eingeschweißt ist. Der reicht und schmilzt besonders gut.

Und wenn es nach Klaus geht, dann kann dein Burger gar nicht genug Käse bekommen.

Rohe Zwiebeln verträgt nicht jeder. Bei gegrillten Zwiebeln ist das merkwürdigerweise ganz anders. Leg sie einfach zu deinen Pattys mit auf den Grill und gib noch eine ordentliche Portion Salz dazu.

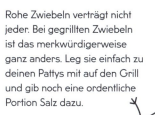

Pfeffer ist auch nicht verkehrt. Dann schnell wenden, damit die Zwiebeln zwar glasig, aber nicht zu braun werden. Hier ist jetzt Fingerspitzengefühl gefragt. Aber davon hast du ja jede Menge.

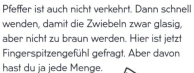

Heute stapeln wir mal direkt in deinem Grill. Klaus nutzt dafür allen Ernstes seine Finger. Wir eher die Grillpinzette. Egal, wie du es machst: Die Zwiebeln müssen auf den Käse, der wiederum auf deinen Pattys liegt.

Jetzt kommt endlich das Ei. Der Ängstliche brät es auf dem Herd in der Pfanne. Aber von Angst hat Klaus noch nie etwas gehört, deshalb schlägt er es direkt auf der Plancha auf.

Kleiner Tipp & Trick zugleich: Damit dein Ei nicht zu sehr auseinander läuft, stülpe einen Servierring darüber. Dann passt das Spiegelei am Ende perfekt auf den Patty und in den Burger.

Und wie bekomme ich den Ring jetzt wieder ab, ohne dass das Spiegelei in Stücke reißt? Einfach mit einem scharfen Messer am Rand entlang schneiden.

Ganz gleich, wie du dein Spiegelei zum Frühstück magst: Hier und heute solltest du es nur von einer Seite grillen und nicht wenden. Nur so schaffen wir es, dass am Ende das Eigelb den Burger hinunterläuft.

Jetzt geht es ab in die Niederlande. Also nicht mit dem Auto, sondern gedanklich. Hier gibt es die Dollie Sauce, die Klaus so sehr liebt, und die hier perfekt passt. Also schau mal, ob du an der Grenze nach Holland lebst. Oder sie im Lebensmittelmarkt um die Ecke bekommst.

Kurz noch deine Buns in zwei Hälften schneiden und ab mit ihnen auf den Grill. Du vermisst unser Burger-Butterrad? Wenn du eins hast, kann es hier natürlich gut zum Einsatz kommen.

Immer wieder fragen wir Klaus: Wie weiß ich, wann meine Buns fertig sind? Seine Antwort: Er dreht sie einfach um und zeigt sie dir. Viel helfen tut das nicht. Aber du weißt, was ab sofort zu tun ist.

Jetzt noch die Tomaten salzen und pfeffern und dann kannst du schon die niederländische Soße auf dein Bun geben.

Fehlen noch: Salatblätter, Patty mitsamt doppeltem Käse, Zwiebeln, Tomaten, Ei, eine Prise Salz, Bun und ein ganz sanfter Druck, der das Eigelb zerlaufen lässt. Yum!

FÜR DAS KARTOFFELPÜREE:
MEHLIGE KARTOFFELN, MUSKAT, SALZ, BUTTER, MILCH

FÜR DIE BRATENSOSSE:
BRATENFOND, SOSSENPULVER

FÜR DEN PATTY:
HACK (HALB + HALB), SCHNITTLAUCH, ROTE ZWIEBELN, SALZ & PFEFFER, KÖRNIGER SENF

AUSSERDEM:
OLIVENÖL, BURGER BUNS

Als Klaus uns in unserem WIR GRILLEN-Podcast von diesem Burger erzählte, waren wir erst irritiert. Dann schockiert. Dann fasziniert. Als wir ihn dann gemeinsam gegrillt haben, war schnell klar: Der muss mit in unser Burgerbuch. Nicht nur, weil er der einzige Burger ist, der zwingend Messer und Gabel erfordert. Sondern auch, weil bei ihm einfach alles anders ist. Ein Patty wie eine Frikadelle. Kein Senf, kein Ketchup. Keine Pommes, aber Kartoffelpüree. Alles anders, das muss ja nicht schlecht sein. Wenn es vor allem anders lecker ist. Also: Wirf deine Bedenken – so wie wir – über Bord und grill dir einen Burger, der deine Gäste hoffentlich nicht schockiert – sondern direkt begeistert.

Die schlauesten Griller? Haben die dicksten Kartoffeln. Also: Ran an die gekochten, mehligen Kartoffeln und schnell die Schale entfernen.

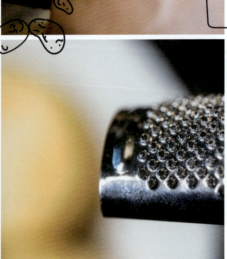

Ab damit in einen kleinen oder großen Topf, je nachdem, wie viele Burger du machen willst. Als Faustregel gilt: zwei dicke Kartoffeln für einen dicken Burger.

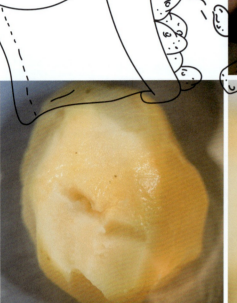

Was für Klaus

NIE

fehlen darf bei Kartoffelpüree: Muskat. Und

BITTE

frisch gerieben, nicht aus der Packung oder dem Streuer.

Wie du siehst, mag Klaus Muskatnuss sehr, sehr gerne. Und nimmt deshalb sehr, sehr viel davon. Geht aber auch weniger. Wenn du magst.
Wichtig: Salz nicht vergessen.

Es fehlen noch eine ausgewachsene Flocke Butter und ein ordentlicher Schluck Milch. Das Ganze vorsichtig erwärmen und aufpassen, dass nichts anbrennt.

Immer, wenn Klaus bei uns ist, sucht er in unserer perfekten Küchenordnung ein Utensil. In diesem Fall: den Kartoffelstampfer. Den brauchst du auch. Also: Geh bitte schon mal auf die Suche.

Es gibt Menschen, die nutzen hier das Handrührgerät. Dann wird das Püree sehr, sehr cremig. Aber das passt gar nicht so gut zum kernigen Burger. Also besser per Hand stampfen und keine Creme, sondern einen Mix aus Creme und Stampf erzeugen – mit richtig viel Druck.

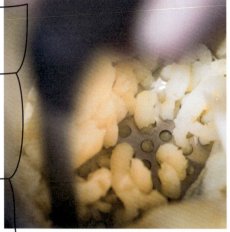

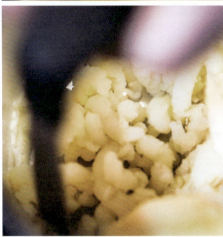

Noch etwas rühren, damit sich Milch, Kartoffeln und Butter gut miteinander verbinden. Dann ist das Kartoffelpüree schon fertig und kann zur Seite gestellt werden. Aber Vorsicht! Sollte Klaus in der Nähe sein, den Topf sehr gut verstecken.

Als Nächstes kümmern wir uns – wenig klassisch für einen Griller – um die Bratensoße. Wir können jetzt sehr weit ausholen und eine echte Soße kochen. Oder zum Fertigbeutel greifen. Wir haben uns für Letzteres entschieden – und bereuen es schon jetzt.

Du nimmst also: Bratenfond aus dem Glas, Bratensoßen-Pulver aus der Tüte, kippst alles in den Topf, rührst sehr kräftig, erhitzt eher mäßig und fertig ist deine 08/15-Soße. Die aber voll und ganz ausreicht.

Wenn du denkst, dass du längst fertig bist mit dem Rühren, rühr immer weiter. Jetzt noch schneller. Und fester.

Du bist stehend k. o., so richtig fertig? Dann ist es deine Bratensoße auch. Also aufkochen, dann abkühlen lassen. Und ENDLICH die Küche verlassen und raus mit dir an den Grill!

Hier warten leider auch erst einmal langweilige Schneidearbeiten auf dich. Aber Schnittlauch ist ja schnell zerkleinert.

Kommen wir zum Patty. Oder in diesem Fall besser: zur Frikadelle. Die wiegt respektable 280 Gramm und besteht aus nichts als Hack und Schnittlauch. Also vergiss bitte Ei und Semmelbrösel, die braucht es hier nicht.

Okay, gaaaaaanz so einfach ist es dann doch nicht. Sonst schmeckt die Bulette ja nach nichts. Also: Schnell noch eine kleine Zwiebel pro Patty klein geschnitten.

Was natürlich auch nie fehlen darf: deine Freunde Salz und Pfeffer. Ohne die schmeckt eigentlich gar nichts. Und mit ihnen fast alles.

Und noch etwas fehlt. Bei der traditionellen Frikadelle gehört er auf die Pappe, hier direkt ins Hack: Senf. In unserem Fall aus dem Glas und nicht aus der Tube.

Wie du siehst, darf es ruhig ein Esslöffel für zwei Buletten sein. Klingt nach viel. Und ist es auch. Sorgt aber eben auch für viel Geschmack. Und der zählt.

Jetzt folgt das, was Klaus am liebsten mag: Handarbeit. Also erst einmal ein Schneidebrett mit der Hand befeuchten und dann die Buletten per Hand formen.

Am Ende soll natürlich keine runde Frikadelle, sondern eine etwas flachere Variante davon entstehen. Die lässt sich besser grillen. Und passt noch besser zwischen die Buns.

Klaus tätschelt seine Pattys gerne noch ein Mal, bevor sie auf den Grill gehen. Nicht nur, weil er sie liebt. Sondern auch, um Konsistenz und Temperatur zu checken.

Endlich ist dein Grill erreicht. Perfekt ist es, wenn er schon ordentlich vorgeheizt ist und du entweder den Speckstein oder die Plancha nutzt. Grillrost geht auch, ist aber schwieriger.

Wir starten wir immer mit einem Schuss Olivenöl, das wir mit einem Haushaltstuch auf der Fläche verteilen. Und dann ist es so weit, deine Frikadellen in Patty-Form dürfen gegrillt werden.

Dabei gerne mit der Grillpalette ein wenig andrücken, damit sich unter ihnen keine Luft bildet.

So eine Frikadelle ist ein ganz schöner Brummer – und braucht deshalb Zeit, um komplett durchgegrillt zu sein. Also ruhig scharf anbraten, dann aber lange im indirekten Teil deines Grills weiterschwitzen lassen.

So langsam kommen wir der Zielgeraden näher!

Am besten nutzt du Buns, deren Oberseite glasiert ist. Da fließt dann später die Soße viel besser herunter und gleichzeitig bleibt der Burger schon stabil.

Jetzt können wir schon mal mit dem Anrichten beginnen. Schnapp dir also einen großen Teller und forme mit dem Kartoffelpüree einen Ring darauf.

Jetzt kannst du deine Burger Buns auf den Grill legen und für eine sanfte Bräune auf den Innenseiten sorgen. Auch hier gilt: Jetzt nicht mehr weglaufen, sondern aufpassen. Aus braun wird schnell schwarz!

Du würdest jetzt gerne Senf, Ketchup, Burgersoße oder Remoulade auf deine Pattys geben? Vergiss es einfach.

Beim Gravy-Burger geht es um Soße, Bun, Püree und Patty. Und sonst nichts. Also einfach die fertige Frikadelle (aka Patty) auf das Brötchen (aka Bun) setzen.

Sieht ein wenig trocken aus, das Ganze. Na, dann gieß doch jetzt schon mal ein bisschen Bratensoße drüber.

Jetzt nur noch: Deckel drauf, Soße drauf, fertig. Und nicht wundern, sondern genießen. Übrigens mit Messer und Gabel. Sonst bei Burgern verboten, hier überlebenswichtig.

Genau genommen ist das hier gar kein Burger, sondern eher ein Sandwich, ein Toast. Aber was soll's. Er ist vor allem eins: etwas für die Upperclass, etwas, das man mit abgespreiztem kleinen Finger zu sich nimmt und das man am besten mit einer Pinzette zubereitet. Ist dein Mund schon wässrig genug? Dann kann's ja losgehen. Wir haben beim Grillen bewundert, wie Klaus Weintrauben und Blaubeeren mit einer Engelsgeduld gestapelt hat. Und fragen uns im Nachhinein: Hat er hier wirklich ganz ohne Fleisch gegrillt? Erst jetzt merken wir: Das hier, das ist der perfekte Dessertburger für den Besuch der Freunde in Blankenese, die noch nie einen Fuß in ein Fast Food-Restaurant gesetzt haben und ihrem Sohn bis heute verbieten, Pommes zu essen.

BRIOCHE TOAST, BUTTER
FRISCHE FEIGEN
WEINTRAUBEN
BLAUBEEREN, JOHANNISBEEREN
PUDERZUCKER, HONIG

SEPTEMBER

Zugegeben, dieser Burger funktioniert nicht zu jeder Jahreszeit. Also markiere dir den September und Oktober im Kalender – dann gibt es frische Feigen.

Das ist ja gar kein Burger Bun, wirst du erbost feststellen. Wir sagen dir: stimmt. Das hier ist eher eine Art Brioche-Toastbrot. Weil etwas Abwechslung nicht schaden kann.

Damit sich die Brotscheibe schön mit Butter vollsaugt, kannst du sie gut noch etwas auf deiner Butterrolle andrücken. Nicht nur Klaus ist sich sicher: Zu viel Butter gibt es nicht!

Vorteil beim Toastbrot: Es ist sehr schnell gegrillt. Nachteil beim Toastbrot: Es ist sehr schnell zu stark gegrillt. Also immer im Blick behalten und nicht weggehen!

Kümmern wir uns, wenn die Brotscheiben im indirekten Bereich deines Grills ruhen, um die Feigen. Die kann man übrigens ruhig mit Schale essen, also bitte nicht schälen.

Zuerst trennen wir den Stiel ab, danach vierteln wir die Feige und legen die Stücke beseite.

Das Ganze wiederholen wir mit den Weintrauben. Aber da die so winzig sind, reicht es, wenn wir sie in zwei Hälften schneiden.

Unser Obstsalat ist fertig. Also schnell wieder rüber zum Brot. Wir haben übrigens eine Feuerstelle genutzt, weil es für dieses Gericht keinen Deckel braucht. Macht es gemütlicher, aber auch gefährlicher für das Brot.

Goldbraun sollte dein Toastbrot sein, also nicht zu schwarz, nicht zu blass. Kleiner Tipp: Plan einfach ein paar Brotscheiben mehr ein als du brauchst. Etwas Schwund ist immer.

Hast du schon mal Feigen gegrillt?
Nein? Dann wird es aber Zeit.
Ist ganz einfach: auf den Grill legen,
wenden, aufpassen, wieder
wenden, fertig.

Du glaubst gar nicht,
wie schnell auf dem
Grill eine Weintraube
zur Rosine wird.
Also lieber vorsichtig
an die direkte Hitze
herantasten.

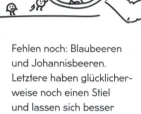

Fehlen noch: Blaubeeren
und Johannisbeeren.
Letztere haben glücklicher-
weise noch einen Stiel
und lassen sich besser
bändigen.

Wenn schon Nachtisch-Burger,
dann auch richtig süß. Also
nicht am Puderzucker sparen,
sondern deine Beeren richtig
einzuckern.

Es ist schon ein bisschen merkwürdig, dass dieser Burger komplett ohne Soße auskommt. Also die ganzen Früchte, wenn sie passend erwärmt sind, vorsichtig auf die Brote heben.

Hier endet tatsächlich auch die Fingerfertigkeit von Klaus. Also greift er zur Grillpalette und nimmt die Beeren SEHR vorsichtig vom Grill.

Jetzt nicht mit Honig und Puderzucker geizen. Zack! Fertig ist dein Dessert-Burger.

Wie all das wohl fertig aussieht? Na, so!

UND WER HAT'S ERFUNDEN?

AM GRILL: KLAUS BREINIG

Der Mann hat schon Burger gegrillt, da gab es nur zwei McDonald's-Filialen in ganz Deutschland. Also gefühlt. Was er aber vor allem grillt, ist der beste Smashed-Burger, den wir kennen. Und das aus nur sehr wenigen Zutaten, mit billigstem Käse und einer Technik, die wir uns immer und immer wieder anschauen – aber irgendwie nie und niemals nachahmen können.

Woher er das – und noch viel mehr – kann? Es ist ein Mix aus bester Basis (Ausbildung zum Koch), sehr viel Erfahrung (über Jahrzehnte steht er nun schon da – und grillt) und Arbeiten auf höchstem, ach was, weltmeisterlichem Niveau (alle Titel führen wir hier nicht auf, sonst wird das Buch zu dick). Ihm liegen sie in den Robinson Clubs dieser Welt nicht zu Füßen, aber doch vor dem Grill, er repräsentiert und vor allem entwickelt für viele bekannte Grillmarken Produkte und Konzepte, leitet Grill- und Kochkurse und ist im Laufe der Zeit, in der wir mit ihm viele Grillbücher und noch mehr Podcast-Folgen produzieren durften, ein Freund geworden. Nicht nur am Grill.

AN KAMERA, TASTATUR UND MIKRO: TOBIAS HEYER

Die Stimme kenne ich doch. Hat mal jemand gesagt, als ich bei irgendeiner Grillmeisterschaft in irgendeiner belanglosen Ecke saß und mich unterhielt. Es war mir unendlich peinlich, dass ich in der Grillszene schon anhand meiner Stimme erkannt wurde. Weil ich lieber im Verborgenen arbeite.

Aber: Bei mehr als 100 WIR GRILLEN Podcast-Folgen ist es kein echtes Wunder, dass man nicht nur die Stimme von Klaus, sondern auch meine kennt. Mehr aber auch nicht. Und das ist ganz okay so. Ich stehe lieber einen Schritt hinter Klaus. Am Grill. Beim Anrichten. Am Schneidebrett. Halte alles fotografisch fest, versuche mir möglichst viel zu merken, nehme mir vor, Ordnung in all die Rezepte, das Aufgeschnappte, das Dahingesagte zu bringen. Und weiß direkt: Ich werde scheitern. Was ja nicht schlimm ist. Von mir stammt jedes Wort in diesem und in allen anderen Büchern der WIR GRILLEN-Reihe. Auch jedes Foto. Sogar jede Idee für die kleinen Illustrationen, die sich zwischen die Rezepttexte und Fotos gezwängt haben. Das hier, das ist keine Geschäftsidee. Das ist mein Hobby, ein Ausgleich zum Alltag in der Werbeagentur HOCH5. In der meine Stimme als Inhaber viel Gewicht hat. Und die dann doch weit mehr Kunden und Menschen mit meinem Gesicht in Verbindung bringen.

WIR VON HOCH5

Wir grillen, fotografieren, texten, illustrieren einfach weiter. Jetzt unser viertes Grillbuch, unser fünftes Buch insgesamt. Was nicht heißen soll, dass danach Schluss ist. Ganz im Gegenteil. In unseren Köpfen, teilweise sogar schon auf unseren Festplatten findet sich Wildes, noch mehr Fast Food, aber davon erzählen wir dir erst, wenn wir so weit sind. Warum das alles sooo lange dauert? Weil wir eigentlich eine Werbeagentur sind. Und das hier aus purer Freude, ohne Businessplan, quasi in unserer Freizeit machen. Wir lassen uns nicht hetzen, nehmen uns die Zeit, die so ein Projekt braucht. Das macht beim Buch genauso viel Sinn wie beim Grillen. Also genieß jetzt erst einmal dieses Buch, tauch ein, grill nach. Und freu dich auf all das, was da noch so kommt.

MALIN NELTNER

Wer sich all die kleinen und großen, mit so viel Liebe illustrierten Dinge hier im Buch anschaut, wird erstaunt die Augenbrauen hochziehen, wenn er erfährt, dass die, die all die Hühner und Pfefferstreuer, Kühe und Flammen erschaffen und per Hand und Rechner gezeichnet hat, gerade mal ein gutes halbes Jahr lang zu uns gehört. Malin sitzt an ihrem Platz, lächelt manchmal verschmitzt in sich hinein, ist dann wieder konzentriert in ihre Arbeit vertieft und erweckt nicht nur Tomaten zum Leben, lässt sie vor Messern weglaufen und in Kochtöpfe hüpfen, sondern hat jedem Rezept auch Namen und Figur verpasst. Kommt dieses Buch hier aus dem Druck, ist sie die Erste, die es auspacken, ihre Stupsnase reinstecken, es an ihre Brust drücken wird. Auch dann wird sie nicht laut jubeln, nicht Kollegen umarmen oder ihre Freude in die Welt hinausschreien. Sondern still schmunzeln. Und sich freuen. Sehr. Und doch nicht so sehr wie wir. Darüber, dass wir sie haben, sie zu ihrem Start direkt ins Eiswasser gesprungen ist. Und dabei gerade mal 16 Jahre alt und Auszubildende bei HOCH5 ist.

JULIE PITKE

Wenn wir grillen, ist Julie nur selten mit von der Partie. Auch bei unseren Podcast-Folgen schafft sie es nur selten – prallvoller Terminkalender sei „Dank" – mit am Mikro zu sitzen. Und, flüchtig betrachtet, steht sie auch bei der Produktion unserer Grill- und Kochbücher nicht in erster Reihe. Was der Laie nicht weiß und der Profi nur ahnt: Sie ist es, die nicht nur die organisatorischen Fäden zusammenhält, sondern die vor allem das Chaos lichtet, das Tobias und Klaus nicht am Grill, nicht in der Küche, aber mit ihren Fotos, Texten und all den Informationen drumherum hinterlassen. Ist das jetzt Frischkäse oder Crème fraîche? Schwer zu sagen. Wenn man nur ein Foto hat, nichts aufgeschrieben wurde und die Erinnerung der beiden erstaunlich schnell verblasst. Wer schon mal mit Klaus gegrillt hat, weiß: Er arbeitet häufig aus der Hüfte heraus, wandelt – wohlwollend gesprochen – gerne spontan ab und bringt Rezepte mit, die mit dem, was er da am Grill zaubert, nicht viel zu tun haben. Genau dann kommt Julie ins Spiel, die am Ende nicht nur die Rechtschreibfehler aus den Texten saugt, sich über Worte wie „Tomante" und „Bauspeck" freut, sondern immer auch inhaltlich hinschaut: Kann das wirklich Crème fraîche sein? Und warum fehlt sie dann in der Zutatenliste? Sie ist unsere Lebensversicherung, der Garant dafür, dass aus Fotos und Texten wirklich Sinnvolles entsteht. Meist in ihrer Freizeit, sonntags, auf dem Sofa sitzend und lesend. Weil sonst keine Zeit dafür ist – in ihrem ach-so-vollen Terminkalender.

WIBKE SCHÄFER

Ganz am Ende, wenn alle 272 Seiten gestaltet sind, wenn wir uns erschöpft in die Kissen unserer Sofas fallen lassen, dann muss es noch eine Person geben, die sich all das noch einmal aus gestalterischer Sicht anschaut. Die Abstände überprüft, Strichstärken unter die Lupe nimmt, ein Druck-PDF generiert, das so groß ist, dass es die Datenleitung zwischen unserer Agentur und der Druckerei zeitweise verstopft. All das: Macht bei uns seit diesem Buch Wibke. Auch noch frisch bei HOCH5, obwohl es sich so anfühlt, als sei sie schon jahre-, ach was, jahrzehntelang bei uns. Wenn Malin eine Frage hatte, rollte Wibke einfach kurz rüber und gab aus ihrem großen Erfahrungsschatz Wissenswertes weiter. Bereitete am Ende den Druck vor, ging Checklisten durch, zeichnete rein und arbeitete nach. Und wird beim nächsten Buch auch illustrieren. Versprochen.

ALEX MICHEL JULIE MALIN KATI WIBKE

KATHARINA HOFFMANN & ALEX BACHOR

972 Fotos finden sich in diesem Buch. Mal bei Sonnenschein, dann unter künstlichem Licht, mal im Schatten, dann indoor fotografiert. Mal hatte Klaus seine Finger dann doch nicht – trotz Schwur – perfekt maniküürt, dann wieder warf die Kamera von Tobias einen Schatten auf das, was gerade abgelichtet werden sollte. Damit alles dann doch gleich, frisch geputzt, appetitanregend und schick aussieht, retuschierten Kati und Alex tagelang alle Fotos. Kati begann ganz vorne, Alex ganz hinten im Buch. Schritt für Schritt arbeiteten sie sich so vor, veränderten Farbtemperaturen, zogen Kontraste an, pusteten virtuell Staub weg und trafen sich am Ende in der Buchmitte. Beim nächsten Mal gerne alle Fotos an einem Tag schießen, bei komplett gleichen Lichtbedingungen – das ist ihr Wunsch. Von dem wir schon jetzt wissen: Erfüllen werden wir ihn nicht können. Aber das erzählen wir ihnen erst, wenn die nächsten 972 Fotos ausgewählt sind, das nächste Grillbuch produziert ist.

MICHEL

Bei unserem vegetarischen Grillbuch WIR GRILLEN GRÜN hätte unser mittlerweile zehn Jahre alter Hovawart enttäuschter nicht sein können. Bei der Produktion dieses Buches hier waren Klaus und Michel aber wieder beste Freunde. Während wir uns noch fragten, warum Klaus immer deutlich mehr Hackfleisch einkaufte, als am Ende für die Pattys gebraucht wurde, saß Michel sich die Schnauze leckend und mit der Schwanzspitze wedelnd jeden Morgen ganz vorn an der Agenturtür und wartete auf seinen Kumpel Klaus. Sein eigenes Futter? Hat er an den Fototagen erstaunlicherweise gar nicht angerührt.

HIER GIBT'S WAS AUF DIE OHREN!

> 160.000 MAL GEHÖRT

WIRGRILLEN.COM/PODCAST

Du möchtest die Geschichten übers Grillen mit Klaus nicht mehr nur lesen, sondern auch hören? Das können wir gut verstehen. Und haben direkt die Lösung für dich: den WIR GRILLEN-Podcast.

Egal, ob du Podcasts über Spotify, Apple Podcasts oder ganz woanders hörst: Überall dort findest du uns.

Wir quatschen einfach drauflos. Und landen doch auf dem Punkt. Wir führen in die Irre und geben wertvolle Tipps. Klaus erzählt von damals, als er noch bei der Bundeswehr Kartoffeln schälte. Von Vegetarierinnen, die sich in seine Fleisch-Workshops verirrten. Von Lehrjahren auf hoher See, von cholerischen Chefs, die mit Bratpfannen nach ihm warfen. Und natürlich berichtet er auch von heute. Von Grillzubehör, das er empfiehlt, von Tomatenketchup, der alles enthält, nur kaum Tomaten beinhaltet. Und für ihn doch unverzichtbar ist.

Ein Podcast von den Machern der WIR GRILLEN-Bücher. Jede Folge rund 45 Minuten lang, wenige Meter neben dem Grill aufgenommen und alle 14 Tage neu, immer freitags. Ein wenig verrückt. Ungestellt, ungeschminkt, ungeschnitten. Eben anders. Für Gaumen und Ohren gleichermaßen. Also: einschalten, zurücklehnen, schmunzeln, nachgrillen.

DU WILLST MEHR?

Du bekommst mehr. Ein Buch allein steht ja im Bücherregal doch etwas verloren herum. Wobei, wenn wir tippen sollten, dann würden wir sagen: Das hier ist gar nicht dein erstes Buch von uns. Aber wer weiß. Damit du weißt, was es sonst noch alles so von uns gibt, findest du hier unsere ganze Reihe.

Kauf direkt beim Erzeuger. Unter WIRGRILLEN.COM findest du all unsere Bücher. Und noch viel mehr.

Impressum

Herausgeber Tobias Heyer
Creative Direction Tobias Heyer und Julie Pitke
Art Direction Wibke Schäfer und Malin Neltner
Illustrationen Malin Neltner
Fotos und Texte Tobias Heyer
Redaktion und Lektorat Julie Pitke
Fotoretusche Katharina Hoffmann und Alexander Bachor
Mann am Grill Klaus Breinig

HOCH5 Verlags GmbH & Co. KG
Zum Stellwerk 10
32257 Bünde
hoch5.com
info@hoch5.com
+49 5223 49 39 00

wirgrillen.com
yeah@wirgrillen.com

1. Auflage
02/2025

ISBN 978-3-9822978-3-5
Printed in Germany.

© 2025 HOCH5 Verlags GmbH & Co. KG

272 Seiten lang war das hier ein großer Spaß. Jetzt aber wird's ernst: Das hier ist unser Buch. Und das soll auch so bleiben. Also grill gerne damit, zeig es deinen Kumpels, schrei nur so heraus, wie toll du es findest. Aber: Alle Rechte liegen bei uns. Das heißt im juristischen Klartext: Ein Nachdruck, auch auszugsweise, und jegliche Art der Verbreitung durch Film, Funk, Print, Fernsehen und Internet durch fotomechanische oder digitale Wiedergabe, Tonträger und Datenverarbeitungssysteme jeglicher Art gehen nur klar, wenn wir das schriftlich genehmigen. Ansonsten droht Ärger. Da kennen wir keinen Spaß.

JETZT IST ABER AUCH GUT. AB AN DEN GRILL MIT EUCH!

hoch5_agentur
hoch5agentur

#WIRGRILLEN